培养优等生——

冲出早恋的迷宫

岳墨兰 编

黄河水利出版社

·郑州·

图书在版编目（C I P）数据

冲出早恋的迷宫 / 岳墨兰编. — 郑州 ：黄河水利出版社，2013. 11
（培养优等生）
ISBN 978-7-5509-0611-2

Ⅰ. ①冲… Ⅱ. ①岳… Ⅲ. ①恋爱-青少年心理学 Ⅳ. ①C913.1

中国版本图书馆 CIP 数据核字（2013）第 276060 号

出版发行：黄河水利出版社
社　　址：河南省郑州市顺河路黄委会综合楼 14 层（编码：450003）
电　　话：0371－66026940
网　　址：http://www.yrcp.com

印　　刷：三河市人民印务有限公司
开　　本：787 mm × 1 092 mm　1/16
印　　张：12.5
字　　数：225 千字
版　　次：2013 年 11 月第 1 版　2021 年 8 月第 2 次印刷
定　　价：39.90 元

目　录

上课的时候，避免胡思乱想的方法

我叫王郁香，今年15岁，人们都说我长得挺漂亮的，我接到了十多个男生的求爱信。一想到有那么多人关注我，我就开始注重打扮自己，并且整天想着关于他们的事儿，即使上课的时候，我也不知不觉就走神了，不能专心听讲，因此我的学习越来越糟糕。为此我也挺烦心的，因为我真的渴望成为既漂亮又学习好的女孩。后来在“快乐成长指导老师”的指导下，我掌握了上课避免胡思乱想的方法，我的学习成绩提高得很快，为了表达我对“快乐成长指导老师”的感谢，下面我把这些方法分享给你们，祝各位同学心情愉快!

我采用的第一个方法是：树立远大的理想和目标

要想摆脱胡思乱想，首先必须要明确近期的奋斗目标。人在没有目标的情况下就容易陷入胡思乱想。

我当时确定的近期目标是：要在两个月之内成绩进入班级前10名!

我把这个目标变成了很大的字，贴在了我的房间里。我也把这个目标写在3张小纸上，一张放在书包里，一张放在衣兜里，一张揉成了纸团放在文具盒里(这样既容易提醒自己，又不容易被人看见)。于是我感觉那个目标已经充满了我的内在，就好像浑身上下每一个细胞都被那个目标所鼓舞着。

目标确定了以后，我每天不断问自己这样7个问题：

●当下这个小时你有计划吗?

●什么是你此时此刻最重要的事情?

●你是否采用了最好的方法来做这件事儿?

●你做这件事儿的优势是什么，用了吗?

●你可能遇到的困难是什么，找到克服的方法了吗?

●你今天激励自己的口号是什么?

●你清楚比你优秀的人是如何做的吗?

有了明确的目标，并且不断地通过问自己那7个问题来监督、管理自己的时间，我发现我的注意力开始集中在学习上了。

人在没事可做的时候，往往容易陷入胡思乱想，一旦每时每刻都清楚自己的目的，并且每个小时都有计划，那么就没有时间胡思乱想了。

没有计划，就等于计划失败。

我采用的第二个方法是：虚构学习目的法

内容—>目的—>兴趣—>大脑灵活、注意力集中

学习的兴趣是由学习的目的引发的，有了目的就有了兴趣，对有兴趣的事情大脑的资源就会被调动，脑子就会变得灵活。

其实无论我们做什么事情，没有目的就没有兴趣。无论我们上什么课，都要千方百计地找出所学内容的实际用处或虚幻用处。通常要想找出实际用处很难，但要幻想、虚构学习每堂课的目的却很容易做得到。比如：幻想自己要参加王小丫开心词典节目，而今天这堂课要讲的内容正好是王小丫。要考自己的关键题目……即使这是一个虚幻的目的，但虚幻的想法同样会激发你的兴趣，并调动大脑资源，从而把枯燥的学习，变成很有趣的游戏。

有些学习内容，我们会觉得与我们一点儿关系都没有，似乎学了也毫无用处和意义，如果秉持这样的心态，那么我们对所学的内容就不会产生兴趣，在这种情况下有益于学好这堂课的一些脑神经细胞和脑资源就会变得非常麻木，大脑也会表现得非常迟钝。但假如我

们能够幻想出学习这堂课的目的，那些似乎和我们没关系的学习内容，就变得和我们有关了；那些似乎很陌生的学习内容，就会变得和我们亲切了。

你可以虚构每一堂课的学习目的，你还可以虚构学习每一个内容、每一道题的目的，虚构的时候，你要充分利用你的想象力，往往虚构的目的越刺激、越生动则引发的学习兴趣和动力就会越大。

如果无论上什么课，也无论老师讲到什么样的内容，你都能够幻想、虚构出学习那些内容奇特、有趣的目的，那么你的大脑就会变得非常灵活，大脑愿意为了达成那些目的积极运作，这样你就不会走神了。

假如你认为所学的内容毫无用处，那么这样的想法就等于告诉大脑不要理睬那些内容。寻找目的，可以想象、虚构、假设。并且那个目的越刺激，就越容易激活和调动有益于学习的脑神经链和脑细胞，从而引发更强烈的学习兴趣和热情。

我采用的第三个方法是：给左手所代表的人物当老师法

上课的时候，讲台上的老师给我当老师，同时我给左手所代表的人物当老师。左手做出不同的手势代表不同的听课对象：

比如这样——代表校长在听我讲课。

比如这样——代表刘德华在听我讲课。

比如这样——代表克林顿在听我讲课。

应用"假装在给左手代表讲课的方法"有以下一些好处：

●因为你要给左手代表讲课，所以你听讲台上老师讲课的目的性就更强了，你必须听懂，听懂了你才能讲懂。

●因为你又要听课、又要讲课，这样有利于调动视觉、听觉、触觉、直觉……更多的感官神经系统参与对知识的理解和记忆。

●有时你以为自己听懂了，可是在讲给别人的时候，就会发现一些盲点，搞清楚这些盲点可以加深理解和学习。

●你给左手代表讲课，这很像游戏一样，这个过程中充满了乐趣，因而有益于调动大脑的积极性和潜能，也有益于提高注意力。

●使用左手有益于开发右脑。我们的左右两只手交叉控制左右两个脑。左手控制右脑，右手控制左脑。左脑主管逻辑抽象思维，右脑主管多维形象思维。人类

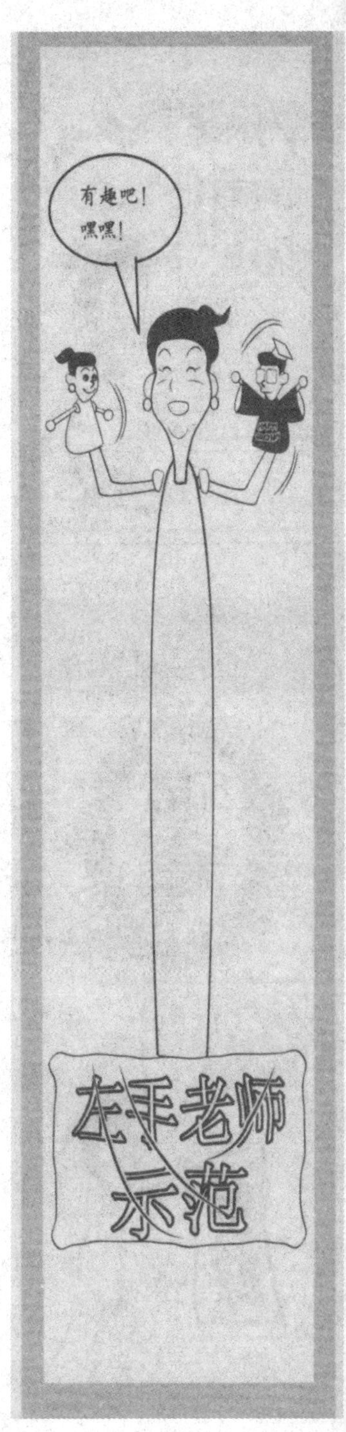

右脑潜能无限，其实我们说开发大脑，主要是指开发我们的右脑，要想让右脑变得更灵活，就要多用左手。因此使用“假装在给左手代表讲课的方法”，有益于开发右脑。

要学会把繁重的学习变成很好玩的游戏，这也是一种智慧和能力，谁要是具备了这种智慧和能力，谁就能够把最美妙的学生时代过得充实、快乐、有意义。

“虚构学习目的法”和“给左手代表讲课法”都可以让你快乐地学习。

也许你有这种体会，为了家长学、为了分数学，学得很累、很苦、很无聊，上课也很容易走神；而为了兴趣学，学习的过程就会变得很轻松、很快乐，并且能够集中注意力。

我采用的第四个方法是：强化正面信念法

“快乐成长指导老师”让我把以下信念输入潜意识，也就是每当情绪焦躁不安、胡思乱想的时候，就要看一看或读一读以下信念：

克制早恋的好处：

●克制早恋有利于集中精力学习，陷入早恋容易浪费时间；

●克制早恋有利于掌控情绪，陷入早恋容易滋生烦恼；

●克制早恋有利于节约钱财，陷入早恋容易挥霍父母钱财；

●克制早恋有利于身体健康，陷入早恋容易危害健康；

●克制早恋有利于成就更大的事业，陷入早恋容易混于普通；

●克制早恋有利于保持良好的心情，陷入早恋容易招惹是非和麻烦；

●克制早恋有利于心态平和，陷入早恋容易心生不安；

●克制早恋有利于回避风险、避免损失，陷入早恋容易掉进陷阱、遭遇不测；

●克制早恋有利于坚持原则、理性判断与决策，陷入早恋容易丧失原则、冲动、失态；

●克制早恋有利于父母安心，陷入早恋容易引发父母焦虑；

●克制早恋有利于赢得更多同学的尊敬和友谊，陷入早恋容易局限在两个人的小世界，与其他同学产生隔阂；

●克制早恋有利于让自己的内涵变得更丰富，陷入早恋容易变得肤浅；

●克制早恋有利于让人生变得更充实，陷入早恋容易让人生变得空虚；

●克制早恋有利于提高人格层次和生命层次，陷入早恋容易产生迷惘、困惑，变得鼠目寸光；

●克制早恋有利于挖掘自身更大潜能、实现自身更大价值，陷入早恋容易精神萎靡、颓废消沉；

●克制早恋有利于将来理性地选择更适合自己的伴侣，陷入早恋容易草率处理问题，造成终生遗憾……

以上这些信念能够引导我建立正确的人生观，树立远大的理想和目标，焕发青春的朝气，积极进取，用功学习，上课注意力集中，时刻警惕早恋的危害，能够用智慧和理性来解读和面对男同学对我的态度，并善于传达："我决不轻浮，也决不想早恋，我要用功学习"这样的信息。这样做的结果我发现我内在的躁动越来越平息了，对男同学的看法越来越理性了，身上的正气增加了，自我价值感增强了，满脑子情爱的事情已经被满脑子快乐学习的方法及远大理想和志向给取代了，不再焦虑、也不再空虚了，我感觉很充实！

每当我出现烦躁情绪的时候，就开始朗读以上那些信念，现在我感觉那些信念都已经深深地烙印在了我脑子里，并在脑子里不断扩大着影响，发挥着作用。

我们的行为，受控于我们的信念，我们的大脑里储存着各种各样的信念，有些信念处于非常活跃的状态，它们强而有力；有些信念则处于沉默状态，它们非常微弱。

其实真正能够左右我们行为的是那些活跃的、强而有力的信念。所以要想把一些信念派上用场，并且充分让其发挥作用，就要不断使用它、强化它，让它根深蒂固，让它成为我们思想中最最重要的声音，让它有力地影响我们的决策和行动。

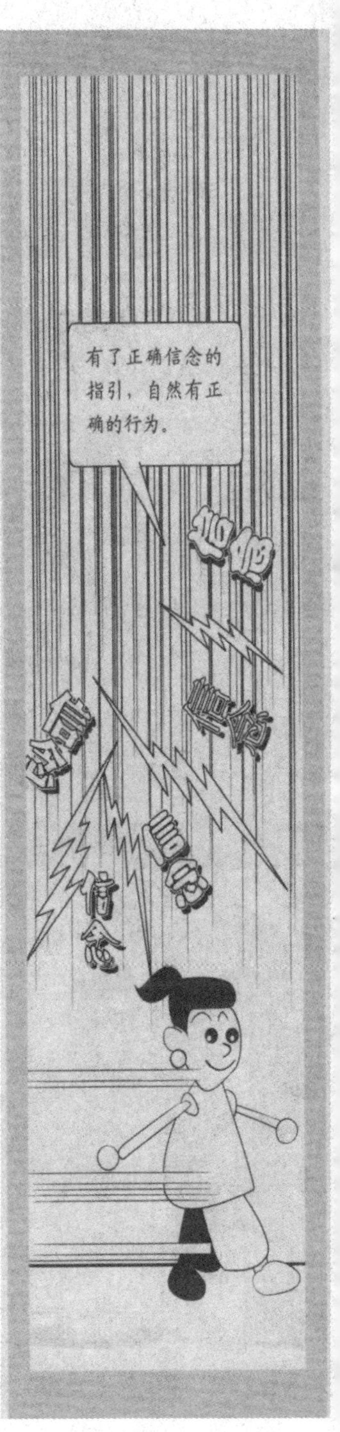

恋爱须知:什么是每天最重要的事情

人每天都应该十分清楚——什么是自己今天最重要的事情。要想清楚什么是自己今天最重要的事情,就要清楚自己今天的目标和近期目标是什么。

每天我们需要做和想做的事情有很多,只有那些有助于达成目标的事情,才是重要的事情。比如用功学习就是我们学生最最重要的事情。而那些与我们今天的目标或近期目标无关的事情,甚至可能会影响我们达成目标的事情就不是重要的事情。并且目标要能够推动自己成长和进步。

每天要做的事情可以分为四类:

1.重要,并且急迫的事情;

2.重要,但不急迫的事情;

3.不重要,但很急迫的事情;

4.不重要,也不急迫的事情。

成功者每天都能集中主要的精力去做第一类事情,然后才是第二类、第三类事情,最后选择的才是第四类事情,并且他们善于很巧妙地尽量把第四类事情推脱掉。

人每时每刻所思所想、所作所为都受脑神经链的影响、左右和控制。

脑神经链就是主管不同功能的某些个脑神经细胞，受到客体或主体的刺激以后，它们之间就产生联结网络，这些网络一形成，就保留在了我们的脑子里。

从出生到现在，我们每个人的脑子里都已经储存了很多、很多、很多的脑神经链，它们的数量就好像一袋米那么多。

我们脑子里的所有脑神经链的总和构成了我们思想的深层——潜意识。

每个当下，哪一个脑神经链被激活了，并处在非常活跃的状态，我们就会受到那个脑神经链的影响、左右和控制。

比如，当你非常想念一个人的时候，那是因为你脑子里与那个人相关的脑神经链被激活了，并且很活跃；如果你当下非常想看英语书，那是因为与英语相关的脑神经链被激活了，并且很活跃；如果你当下非常想看电视，那是因为与看电视相关的脑神经链被激活了，并且很活跃。

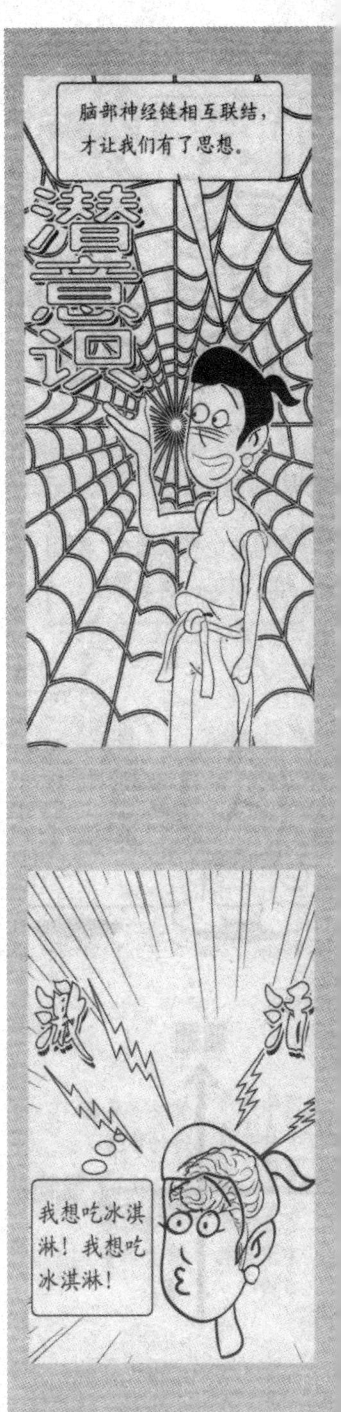

不同的脑神经链里存储着不同的信息、感受和观念,因而不同的脑神经链会让我们引发不一样的情绪、想法和行为。

当我们没有目标、没有计划的时候,我们脑子里的神经链就会处在无序的状态, 于是我们就会出现情绪波动、注意力分散、放任自流等状态。

其实管理目标和时间, 就等于是在管理我们的大脑。我们完全可以做到想激活哪一个脑神经链,那个脑神经链就会立刻被激活;想让哪一个脑神经链活跃,那个脑神经链就能立刻活跃;想让哪一个脑神经链休息,那个脑神经链就会停止活动。

如果你感到无聊的时候,应该立即做计划。计划会激活有用的脑神经链,没计划的时候,不重要的脑神经链就会活跃。

如果我们每一天都能够用主要的精力和时间去做属于我们的重要事情,那么,和重要事情相关的一些脑神经链就会处在非常活跃的状态。

如果我们每一天主要的精力和时间做的是一些不重要的事情, 那么和不重要事情相关的一些脑神经链就会处在非常活跃的状态。

假如你每天都能够做很多重要的事情，就意味着你每天都在进步。

人的真正快乐，是因为进步引发的；假如你每天做了很多不重要的事情，就意味着你没有进步。人的烦恼和痛苦，就是因为没有成长和进步引发的。

比如说，你不想让自己经常陷入男女事情的胡思乱想状态中，那么就要想办法不去打扰、触动会引发那些胡思乱想的脑神经链。

要想成功地做到这一点，就要让和学习相关的那些脑神经链始终处在活跃状态。

接到同学的求爱,应该怎么办

我叫陈凯,今年高一。半年前我突然接到班里一个女生给我写的一封文字很热烫的求爱信,说真的,看了信之后我真有点儿发懵,后来在“快乐成长指导老师”的帮助下,我选择了非常好的回应方式,因而我现在学习和心情都挺好。

下面我就把我所用的方法详细介绍给大家。祝同学们开心、快乐!

在处理这件事情的过程中,我所坚持的原则是:既不伤害对方,也决不危害和牺牲自己的学业及前程,因而我采用了“提前预约法”。

所谓"提前预约法"就是要清晰地传达给对方以下三方面的信息:

★在考上大学之前,我决不谈恋爱! 任何人、任何方式都无法撼动我的决心!!!

★我可以把你列入将来候选名单,到时成则有缘,不成则为同学缘、朋友缘。

★我非常理解和感谢你对我的情意，其实我也常常想入非非……但是目前学习才是我们最最重要的事情! 只有每一天都清楚并努力去做那些重要事情的人，才能实现自己的伟大理想和目标!!让我们为未来加油、努力吧!!!

接下来为了稳定自己的情绪，我努力建立了以下信念,并把这些信念写在一张纸上,压在床底下。当我的情绪有波动的时候,便拿出来看一看、读一读。我知道信念不但左右着我们的感受和情绪，也影响着我们的想法和行为。

我渴望以下信念给我向上的力量和智慧：

●我坚信早恋一定会影响自己的学习和前途；

●我坚信如果我和她有缘，她将来一定还会出现在我命运的轨迹上；

●我坚信她若是值得我交往的人，她就一定会很高兴地接受“提前预约法”,否则她就是不可交的人,与我无缘的人；

●我坚信选择“提前预约法”不但对我更有利,也对她更有利，这个方法不但是对我自己的学习和将来

负责，也是对她的学习和将来负责；

●我坚信一个人越成熟，才越能够找到真正适合自己的对象，而我现在还不够成熟；

●我坚信中学生对爱情的认知还很肤浅，中学生的恋爱绝大多数还像是懵懵懂懂的游戏；

●我坚信中学生谈恋爱会浪费父母的钱，并给父母增加更多的负担和烦恼；

●我坚信真正爱我的人，是希望我更用功学习的人，是鼓励我考上好大学的人，是支持我将来变得更有出息的人……否则她就不是真心爱我，而是想控制我，想让我成为服务她需要的工具；

●我坚信我的学习成绩越好、将来取得的人生成就越大，我的优势就越多，将来可供选择的人也就越多；

●我坚信，既然目标在远方，就不该留恋路边的风景；

●我坚信早恋弊多利少；

●我坚信我一定会成为更有智慧、更有意志力、更有发展前程的真正男子汉！！！

接收到对方传达“预约竞争”回应的同学，如果不赞同这种做法，那么就各走各的路；如果赞同这种方法，那么彼此就必须遵守以下5个规则：

●向对方表示愿意预约加入对方未来选择的行列；

●向对方承诺高中毕业以前，决不轻举妄动，言行决不给对方造成任何心理负担，也决不影响对方的学习，决不做任何伤害对方的事情；

●接受“预约竞争”以后，就要像什么也没发生一样，平静地等待将来对方的选择，决不再做任何打扰和干扰对方的行为，比如打电话，比如网上聊天等；

●向对方承诺未来一定要尊重对方的选择；

●向对方承诺自己也会努力学习，努力提升各方面的素质，成为有理想、有意志力、有控制力、有责任心、遵守学校和社会各项守则的人。

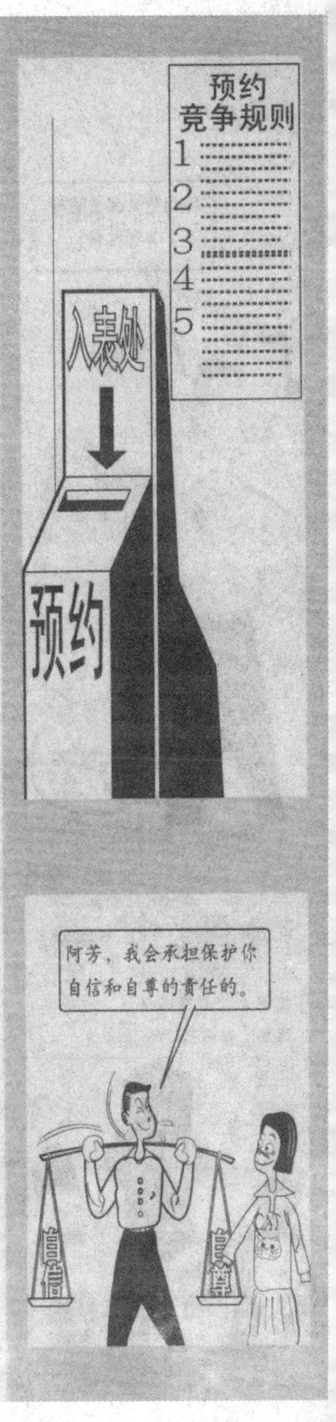

一般来说，接到“预约竞争”信息的同学，最好能够接纳对方的想法，接纳不等于赞同，接纳在这里更多的意思是理解对方的感受。即使你根本就不喜欢对方，也不要立即回绝，既然他已经有了那么多的承诺，只要他不做任何影响你学习、心情、尊严和成长进步的事儿，你就应该默默地成为有益于推动他成长进步的一个助力，从而保护他的自尊，激发他积极向上的热情和积极性。

就是说即使你将来不选择他，作为同学，你也应该骄傲地承担起保护他自信和自尊的神圣责任。

如果你已经清楚了早恋的危害，并且决定不陷入早恋，可是你又喜欢上了某个同学，不追求她，担心被别人抢走了，那么你也可以采用“预约竞争法”，告诉她你愿意成为她将来的候选人，这里面所界定的将来就是高中以后。

"预约竞争法"的好处是：

- 协助一些青少年朋友摆脱感情上的困扰；
- 卸下心理包袱；
- 避免被伤害……

但是采用这个方法的时候，双方都一定要遵守那5项规则，否则就会带来很多麻烦!!!

我班同学王戈也收到了一封求爱信，他和妈妈说了以后，他妈妈这样对他说：

潜意识里有一个你，决定上大学以后再谈恋爱，因为这样更有利于考上好大学，更有利于找到好伴侣，更有利于前程和发展；潜意识里还有一个你，缺乏远见、经不住诱惑，很想尝试早恋，冒的风险很大，很可能影响考大学，很可能影响前程和发展。

选择什么样的伴侣，就等于选择什么样的生活方式。你更渴望成为哪一个你呢?

结果王戈选择了放弃早恋。

他妈妈解决问题的方法，让我学会了比较选择。所谓比较选择，就是在面对选择的时候，起码要假设有两种选择的余地，其中一种选择可能符合当下的情绪和感受，另外一种选择则可能符合未来的发展前途。可以这样说，每个人的内在都有两个我——一个是情绪的小我，一个是智慧的大我。

通常面对选择的时候，这两个我所做出的选择是不一样的，情绪的小我往往带着主观的情绪和偏见进行选择和决策，智慧的大我则能够较客观地、理性地进行选择和决策。生活的每一天，我们都要面对各种各样的问题做出选择，没有进行比较的选择，便是在随意选择，而随意的选择往往并不是最佳的选择，甚至可能是错误的选择。善用比较选择法，才会让我们每一次的选择更具合理性。

●我们每时每刻拥有什么样的心情，这是我们自己选择的结果；

●我们每一天活的状态如何，这是我们自己选择的结果；

●我们每一周会有哪些变化，这是我们自己选择的结果；

●我们每个月会有哪些突破，这是我们自己选择的结果；

●我们每一年会取得什么样的成果，这是我们自己选择的结果；

●我们的一生会取得什么样的价值，这是我们自己选择的结果。

可以说选择渗透在生活的每一个细节里。如果说我们活得不够好，那只能说明我们还在用情绪进行选择，是我们的选择导致了这样的结果；如果我们已经习惯用比较选择法了，我们的一切都会变得越来越如意、越来越顺利。

要想学会比较选择，就要秉承这样一个原则：面对任何事情和局面，都能够做出对自己成长、进步更有利的选择。也就是说，选择不能随意、不能任性、不能情绪化、不能只顾眼前利益、不能狭隘、不能局限、不能偏见……而应该着重考虑是否有利于达成自己的目标，是否有利于提高自己的生命层次和人格层次，是否有利于心灵的成长和进步。

正因为我学会了比较选择，所以我才用“提前预约法”回应了那位同学，因此我和他的情绪和心情都没有受到破坏。

善于比较选择的人才有智慧，用情绪选择的人就没有智慧。

我还要向你分享我克制自己的秘密——我还在6

张小纸上写下了以下相同的文字：

●每个小时都应该有计划!

●经常幻想自己的目标实现了的情景!

●成功者比别人更努力!

●要想出人头地，必须学会克制自己!

然后我把它们分别放在了衣兜里、书包里、文具盒里、书里、枕头底下、家里写字台上，于是我的克制能力增强了，学习成绩变得更好了，心情变得更爽了!

最后想谈一谈关于老公、老婆的称呼：

在我们同学的情书中已经开始使用“老公、老婆、妻子、丈夫……”这样一些称呼了。我觉得那样一些称呼有点儿催眠的功效，感受那样一些称呼的时候，我们的理性和意志力容易被瓦解。

那样的一些称呼中充满了冲动的、热烈的、非理性的情绪，我们在接纳这样的非理性骚动情绪的时候，很容易被那些情绪所感染，也会变得失去理智、忘乎所以、掉进陷阱、招惹麻烦、害人害己。

我们若是有责任心的学生，在学生时代就应该拒绝使用那些称呼。一旦我们接收到了那样的一些称呼，我们应该立刻对自己说：“我不会被催眠的，我是意志力坚强的人! 我要把那些称呼看成是黄色麻醉药，十分警惕! ”

恋爱须知:爱情是有层次之分的

人生是有目的,也是有高低层次之分的。人在不同的生命层次所拥有的人格特质不同,目标理想不同,心理能量不同,价值观不同,自我价值感不同,散发出的魅力不同,智慧不同,方法不同,生活方式不同,心态不同,快乐感不同,人生观不同,对爱情的解读也不同……

以下是人生的6个层次,以及不同层次的人格主要特征和不同层次的爱情主要特征:

第一个层次:

这个层次的人没有人生目的,也没有任何责任心。这种人是精神死亡的人,他们几乎没有进取心,也没有自尊心,处在混吃等死的状态,非常麻木,成为家庭、社会的寄生虫。

这个层次的人,只具有较低动物的属性,无法融入社会。这个层次的人也叫没有任何责任心的小我或精神死亡的人。

这个层次的人谈恋爱只是为了满足性欲或为了获得金钱和物质。对人不会动真情，甚至连甜言蜜语都不会说，不讲责任心和良心。

第二个层次：

这个层次人生的主要目的是满足自己。只为自己的利益负责任。这种人极端自私，凡事以自我为中心，丝毫不在意别人的感受和想法，容易伤害别人的感情，冒犯别人的利益，精神麻木，社会化程度较低。

这个层次的人，社会化程度较低。这个层次的人也叫极端自私自利的小我。

这个层次上的人谈恋爱的主要目的是向对方索取。说白了，他是想用虚假、肤浅的爱来利用别人。因而在爱的过程中，他只考虑自己的需求、自己的感受、自己的得失，很少为对方着想。

被这个层次的人爱着是既可怜又可悲的。爱着这个层次的人，你会慢慢陷入无尽的烦恼。

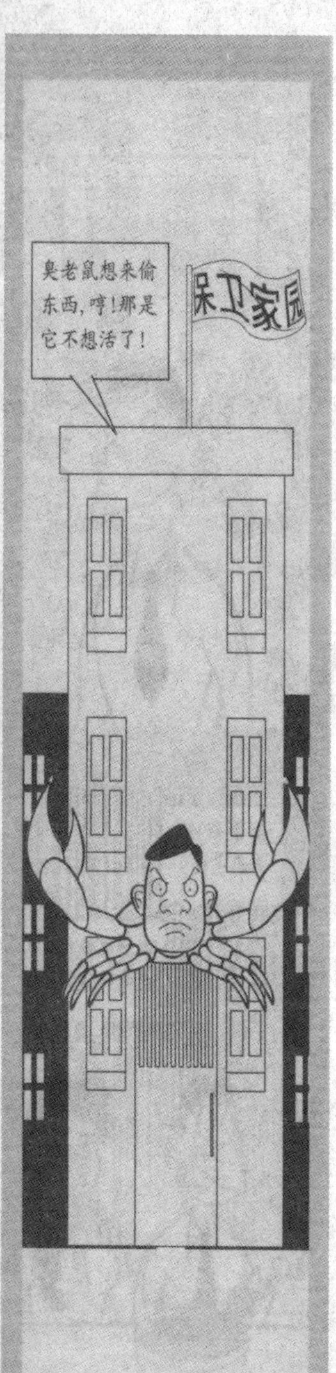

温馨提示：

人的社会化程度——人有三种属性：动物性、社会性和神性。人的社会性，是指人参与社会、适应社会、建设社会、成为社会成员的过程。一个人的社会化程度越低，表明他越无法融入社会、适应社会，也不能在社会中发挥积极作用；一个人的社会化程度越高，表明越能够遵纪守法，越懂得文明礼貌，越能够在社会中发挥积极作用。

第三个层次：

这个层次人生的主要目的是维护小家庭的利益。只为自己小家庭的利益承担责任。这种人狭隘、保守、唯利是图、损公肥私、斤斤计较、一心一意为小家庭谋利益，不考虑集体和社会利益，精神空虚。

这个层次的人，社会化程度仍然较低。这个层次的人也叫以家庭利益为重的小我。

这个层次上的人恋爱、结婚的主要目的是想生养孩子，享受天伦之乐。

如果彼此双方不能突破这个层次的人格局限性，就很容易变得思想保守、世俗，没有大的进取心，并且彼此总想束缚或限制对方，害怕变化和挑战，结了婚以后有点儿“嫁鸡随鸡，嫁狗随狗”的味道，一切的一切都是为了小家庭忙乎，忽略了自我完善和发展，结果自身的更大潜能得不到开发。

彼此爱的维系是靠家庭这个纽带，很难享受到心灵深处更丰富的爱。

第四个层次：

这个层次人生的主要目的是维护所在单位或集体的利益。愿意为所在单位和集体利益承担责任。小我又长大了一些，能够关注周围人的利益，因而比较受身边人的欢迎，做事儿基本能够遵循双赢原则，也基本能够遵守社会公德，精神比较充实。

这个层次的人，社会化程度较高。这个层次的人也叫以团队或集体利益为重的小我。

这个层次上的人谈恋爱已经有了很丰富的精神内容，彼此能够更深地读懂对方，彼此相爱更注重的是对方的人格，彼此能够在更深的层面进行思想交流并产生默契，彼此能够成为事业上的助力，能够同甘苦共患难，爱得比较深。

第五个层次：

这个层次人生的主要目的是服务国家，愿意为国

家利益承担责任。小我已经接近大我，有较高的理想和志向，心胸宽广，但仍然会产生消极负面的情绪，也还会存在思想上的某种主观偏见，精神很充实。

这个层次的人，社会化程度较高。这个层次的人也叫以国家利益为重，但却忽视了全人类的利益，比较接近大我的小我。

这个层次上的人谈恋爱，彼此的关系已经由外在进入了内在，也就是钱财、名利地位等身外之物都变得微不足道了，最重要的是两个人的心灵的共鸣与和谐。

彼此更注重的是精神的爱，他们的爱有了较高的品位和档次，爱已经深入到了心灵世界，彼此都能读懂对方的更大价值，彼此能够互相支持、互相促进开发潜能，实现更大价值。他们的爱情也比较稳定，不容易被破坏。

第六个层次：

这个层次人生的主要目的是关爱全人类，关爱整个大千世界。愿意为全球的幸福承担责任。小我已经变成了大我，彻底摆脱了人的局限性、狭隘性、自私性，内心充满了神性、崇高性，潜能得到了较充分的发挥，能够平和地接纳一切的存在和一切的发生，任何当下都不会发泄消极负面的恶劣情绪，也不会显现人性的弱点，言行全然能够和宇宙大道同频共振。

精神充满了宇宙的能量，拥有天人合一感。

这个层次的人，充满了人的崇高性和神性。这个层的人也叫关爱全人类的人或大我，或天人合一的我，或最高智慧的我，或恒常快乐和幸福的我……

这个层次的人谈恋爱，两人之间的感情和关系非常自然、自在，彼此能够在更深的层次上互相理解和爱，他们之间没有任何隔阂，也没有什么误会，两个人真正合二为一了，并且融入了社会、宇宙更大的系统。

他们的主要人生目的是共同去承担社会和人类更大的责任和使命，用慈悲的心关爱全人类和整个大千世界。他们的爱已经到达了最高境界，能够拥有、体验和感受这种爱的人也一定是非常伟大和神圣的人。

温馨提示：

值得注意的是，同层次的人相爱，能够互相理解和共鸣。

和比自己人格层次高的人谈恋爱，自己发展得更快。

和比自己人格层次低的人谈恋爱，自己的更大价值对方无法读懂，并且对方会成为自己前进的绊脚石。

●爱情的层次越高，彼此的感情就越深；

●爱情的层次越高，爱的幸福感就越强烈；

●爱情的层次越高，爱的感情就越能够恒常、稳定；

●爱情的层次越低，彼此的感情就越肤浅；

●爱情的层次越低，爱的烦恼和痛苦就越多；

●爱情的层次越低，爱情就越脆弱，越容易变调。

如何判断一个人所处的生命层次：

其实每个人一出生，都同时具备这6个层次的特质，都可能不断突破瓶颈，成为更高层次的人，成就更伟大的人生，拥有更神圣的爱情。只是很多人把人生的目的看得太简单、太肤浅了，糊里糊涂打发日子，活来活去还活在较低层次里。

另外即使到达较高层次的人，也同样会有一些较低层次的需求，只是他的主要人格显现的是高层次的光辉。

较低层次的人生目的容易被唤醒和重视，而较高层次的人生目的不容易被唤醒和重视。

要想知道你目前处在哪一个生命层次，就要看你目前的主要人生目的是属于哪个层次的，也就是说哪个层次的人格特质所占的百分比更大，你目前的生命层次就应该属于哪个层次的。

比如说，你目前第一个层次的人格特质占3%，第二个层次的人格特质占15%，第三个层次的人格特质占30%，第四个层次的人格特质占35%，第五个层次的人格特质占9%，第六个层次的人格特质占8%。那么你目前就处在第四个生命层次。

要想清楚自己爱对方的层次或对方爱自己的层次也参照以上评估方法。

早恋的最大危害是彼此的人生观和世界观都还没有成熟，所以双方的感情多数都是属于较低层次的。早恋容易使人变得狭隘、自私、妒忌、焦虑、浪费时间、丢失自我、不求进取……

生命层次是动态的，每年、每月、每周、每日、每一个当下都在发生着变化。

人生的目的就是追求快乐，逃避痛苦。一个人所到达的生命层次越高，所拥有的快乐就会越多、越大，因而也可以说人生的目的就是不断提高自己的生命层次。当一个人到达了第五或第六生命层次的时候，基本上就没有什么烦恼了。

不想与对方分手，又不想因此而影响学习应该怎么办

我叫白骑军，今年已经高三了。虽然我仍在热恋中，但已经深深体验到了早恋的危害有很多，我和我们班的一个女生谈恋爱一年了。说实在的，我们现在都还小，未来还要经历很多很多的事情，我和她的未来究竟会怎么样真的很难说。

半年前我很困扰，因为就要高考了，上课的时候总想她，因此注意力无法集中。

她总用各种方式表达着对我的爱和关心，比如，给我带早餐，还把她爸爸出国给她买的一盒清脑油送给了我……我也只好琢磨着回报她的各种方法，比如，请她吃饭，带她去看电影……就这样，我们整天玩着互相关心的游戏，学习成绩却在下滑。可是我又不能和她分手，否则对她的打击可能会很大，她难受，我也不会好受的。

怎么办???幸亏在最关键的时候，克制早恋专家给我出了个高招，我们的困扰才被解决了。现在还有两个月就要高考了，我和她的状态都很好。现在我就把我所用的高招与你分享，祝你好运!

爱情是需要经营的。既然恋爱了，就自然要彼此关注、关心、关照、关怀，也就少不了你想我，我想你；你帮我，我帮你；你给予我，我给予你……爱情需要礼尚往来。如此这样，便需要用很多心思、消耗很多精力和时间，这对于学生而言必然就会影响学习。

当时假如我们不采用一些措施和方法，那么我们两个人在高考中便肯定落榜。关键时刻我们所用的方法是："哑语、握拳激励法"。

所谓"哑语、握拳激励法"，就是双方坚决停止通常采用的各种各样的彼此关心的方法，暂时把不关心对方，看成是对对方最大的关心。因为只有停止了互相关心的游戏，才能确保把精力用在学习上，提高学习成绩。

为了避免产生失落感，我们每天在学校见面的时候彼此尽量不说话，但却可以各自握一下自己的拳头，握拳的意思是为了共同的未来，加油!

使用"哑语、握拳激励法"彼此要作出如下承诺：

●必须承诺，彼此不能通电话、不能传纸条、不能用手机发信息等。

●必须承诺，假如有一些与学习相关的话想要沟通，那么必须选择也有其他同学在场的时候，就好像是同学之间的普通正常沟通一样。

●必须承诺，在又想到对方的时候，决不能拥有如我想你了，我爱你……这类念头，只可以畅想拿到大学录取通知书时的样子。也就是说，凡是有可能影响或打扰对方学习，容易让对方分神的任何语言和行为都必须禁止。

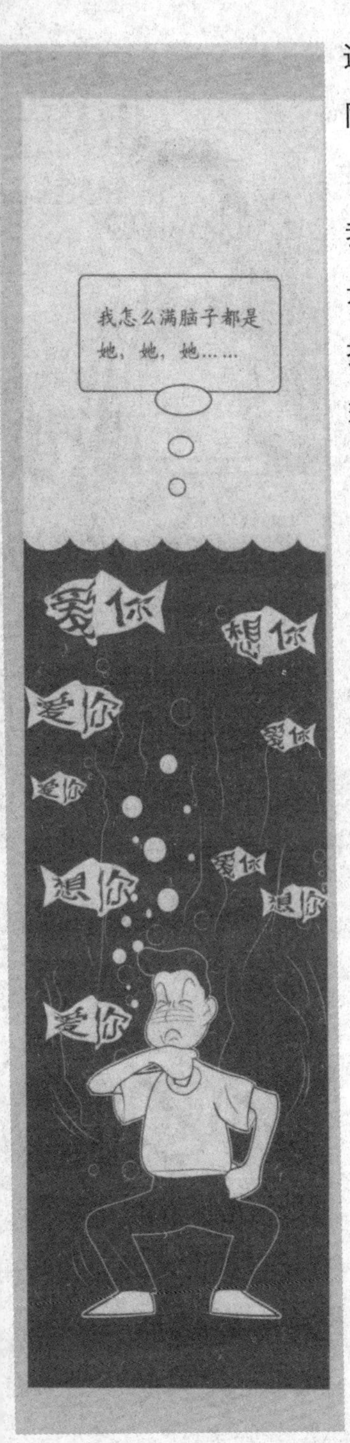

再告诉你一点儿小秘密：

我想你了、我爱你……这类念头会让我们的身体有一种向下沉的感觉，容易乱神，容易陷入卿卿我我、萎靡不振的性幻想状态。

"为了共同的未来，加油！"这样的激励语言，或想象拿到大学录取通知书时的样子……都会让我们的身体产生一种向上的冲力，从而产生意志力和行动力。

现在我们实行"哑语、握拳激励法"已经快3个月了，我们都摆脱了卿卿我我、萎靡不振的状态，重新焕发出了青春的朝气和积极向上的动力。

状态变了，脑子也变得灵活、聪明了。如今我们俩表现得都挺好，没有违约现象，因而我现在的情绪和学习成绩都挺稳定的。估计考上大学是没问题的，我的目标是考上重点大学!

恋爱的确妙不可言，但是谈恋爱也的确太浪费时间和精力了。其实一个人若想成就大事儿，最好晚一点儿谈恋爱。

谈恋爱往往会使人变得有局限了、受束缚了、渺小了、狭隘了……

谈恋爱免不了要操一些琐碎的心，要时刻考虑对方的情绪，要为对方做一些也许你并不情愿做的事儿……有时候也会觉得挺啰嗦、挺烦的!这就好像《围城》中那句话:城外面的人想进来，城里面的人想出去。

不知我的方法，对你是否有借鉴，好自为之吧! 哈哈哈!!!

还想跟你们说说当我处在比较理性中的一些感悟：其实热恋中的双方都会找出种种理由表达各自爱的感受、爱的价值和意义。他们都会很珍惜自己当下的感情，也常常误以为自己的爱情是最甜蜜的，自己找的人是最适合自己的，自己是最幸福的……于是人们总结出了这样一句话：热恋中的人，理性和智商趋近于

零。

如果一个人不能支持你向更高的需求层次前进，他就不是在爱你，而是想控制你、利用你、把你当成了工具。

在美满的爱情中，个人应该得到充分的发展，这种发展应该是没有限制的。

生命的目的就是要不断提升自己的生命层次。爱情的意义和价值就是彼此促动对方能够更快地提升需求层次、人格层次、生命层次。

如果爱情不但不能推动彼此的成长，反而成了彼此进步、提升的绊脚石，那么，这种爱情和婚姻就会变得没有意义和价值了。

人的生命层次只有不断提升，人的内心才会充满喜悦，爱情和婚姻也才会充满喜悦。

恋爱须知:两个相爱的人应该承担的责任和义务

人生是有目的的，人生的目的就是不断提高自己的生命层次和人格层次。我们的生命沿着这样的轨迹和方向发展:

●当我们处在人生第一个层次的时候，没有任何人生目的和责任心。

●当我们到达人生第二个层次的时候，主要人生目的是满足自己,仍然没有责任心。

●当我们到达人生第三个层次的时候，主要人生目的是维护小家庭的利益，能够承担小家庭的责任和义务。

●当我们到达人生第四个层次的时候，主要人生目的是服务于自己所在的单位，能够承担团队和集体的责任和义务。

●当我们到达人生第五个层次的时候，主要人生目的是服务国家,能够承担国家的责任和义务。

●当我们到达人生第六个层次的时候，主要人生目的是服务全人类，能够承担全人类和整个大千世界的责任和义务。

一个人所到达的生命层次越高，就越有真正的内涵和魅力。

爱不是为了每天厮守，爱是为了彼此帮助、彼此促进生命层次的提升。爱是为了让对方成长，爱也是为了让自己成长。

衡量爱情和婚姻的质量，就是看两个人在爱情和婚姻中成长的程度。如果爱情和婚姻不能让彼此成长和进步，那么即使两个人能够白头偕老，这种爱情和婚姻也是没有意义和价值的。

真正值得羡慕的爱情和婚姻能够促动双方的责任层次、人格层次和生命层次不断提高。

我们之所以担忧和恐惧早恋，就是因为早恋中的年轻朋友们，不明白爱情的深层目的和意义，因而可能陷入较低层次的卿卿我我满足中，耽误了成长和进步，毁了未来和前程。

如果两个人的爱，真的能够做到积极、自觉去推动彼此的成长和进步，那便是无可厚非的了。

当人们清楚了建立爱情和婚姻的目的和方向的时

候，当他们也愿意承担爱情和婚姻中的各种责任和义务的时候，我们就可以说他们有谈爱情和结婚的资格了。

所谓早恋，不但是指恋爱的年龄而言，更重要的是指恋爱的心理素质。假如一个人即使到了30岁、40岁、50岁……仍然不懂爱情婚姻的深层目的和意义，仍然不懂爱情的艺术，那么他的恋爱，也属于早恋的一种。

这并不等于说一个青少年，假如他清楚了爱情和婚姻的深层目的和意义，他谈恋爱就有资格了，就不算早恋了。因为感情生活是非常复杂的，将来还要面对很多意想不到的发生。因而良好的爱情、婚姻心理素质，是需要一定的人生经验和阅历才能成功建立起来的。

我们青少年的爱情容易产生嫉妒、局限、偏见、狭隘、控制等情绪和状态。

当我们清楚了爱情深层的目的和意义以后，我们也有必要肩负起对老师、父母、其他同学心理心情的关照。也就是说，我们尽管有足够的谈恋爱的理由，比如说没有影响学习，反而学习成绩更好了；再比如，因为对方的激励，所以各方面的表现和素质都变得更好了……那么我们也要千方百计做到，不因为我们的恋爱，而引发老

师、父母的忧虑，最好的办法就是，改变爱的方式，爱得别那么张狂，爱要低调、含蓄、隐秘一些。

不让他们发现，就不会引发他们的忧虑。如果连这都做不到的话，只能表明你们还有些冲动、不够理性，那么也就还没有谈恋爱的资格。

即使是在同学们面前，也要低调、含蓄、隐秘，因为你们的一举一动也会对同学们的心理心情造成影响和刺激，有些同学可能看你们谈得那么甜蜜，便也想效仿了，可是也许他们把握、掌控得不好，就会带来很多危害。

因而低调、含蓄、隐秘地处理感情，是那些不肯停止恋爱的青少年朋友有必要承担的责任。一个不善于为别人着想的人，一个不愿意为他人、为集体、为社会、为人类承担责任的人，就不会拥有崇高的爱情。

我们的社会目前阶段太需要人们主动承担一些社会责任和使命了，假如通过谈恋爱，彼此能够激发和培养社会责任感和使命感，那么即使保守的人也会赞赏你们的行为。

只活在两人的小世界里，慢慢感情就会枯萎，慢慢日子就会乏味；如果两人愿意为集体、为社会、为人类承担责任和使命的时候，感情和生命就不会枯萎，人生就会充满意义和价值。

总想手淫怎么办

真不好意思，我不想让你看见我是谁，我曾经有段时间总想手淫，那个时候我的大脑、心理和身体状态都非常糟糕。不过现在我终于能够有效控制自己了，因而每天朝气蓬勃、精神抖擞、浑身充满了青春的活力、头脑清晰、思维灵活，学习能力和记忆能力都有所增强，学习成绩也产生了飞跃，我很满意自己目前的状态。在努力克制手淫的过程中，磨炼了我的意志力，也使我找到了生命的意义和价值，树立了人生伟大的理想和目标。下面我想把克制手淫的经过和感受与朋友们分享。

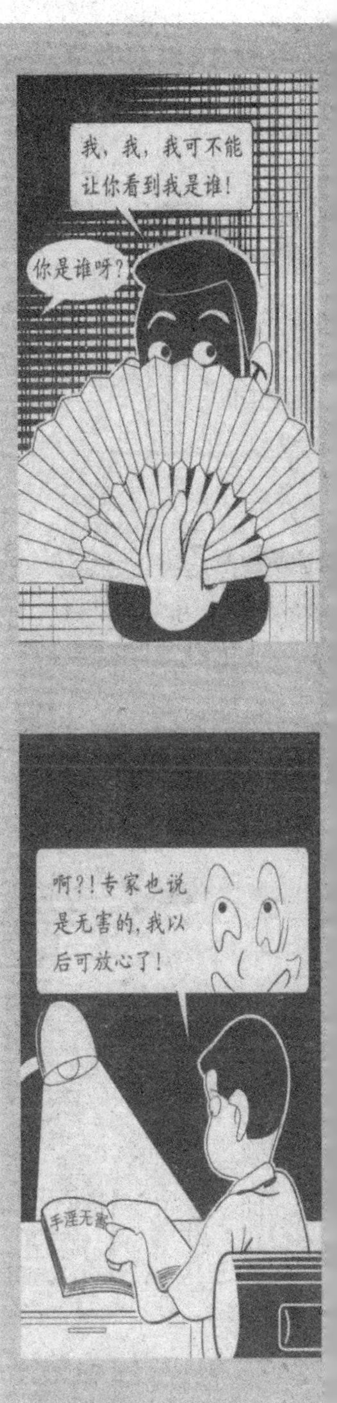

到了发育成熟的季节，不知不觉染上了手淫，其实也是无可厚非的事儿。当我刚开始体验手淫给我带来的快感以后，觉得很奇妙，于是就好奇查找、阅读了关于手淫的一些资料。

所阅读的资料中，很多专家都认为手淫无害，他们的主要观点如下：

●绝大多数人都有过手淫，其实手淫对身体基本

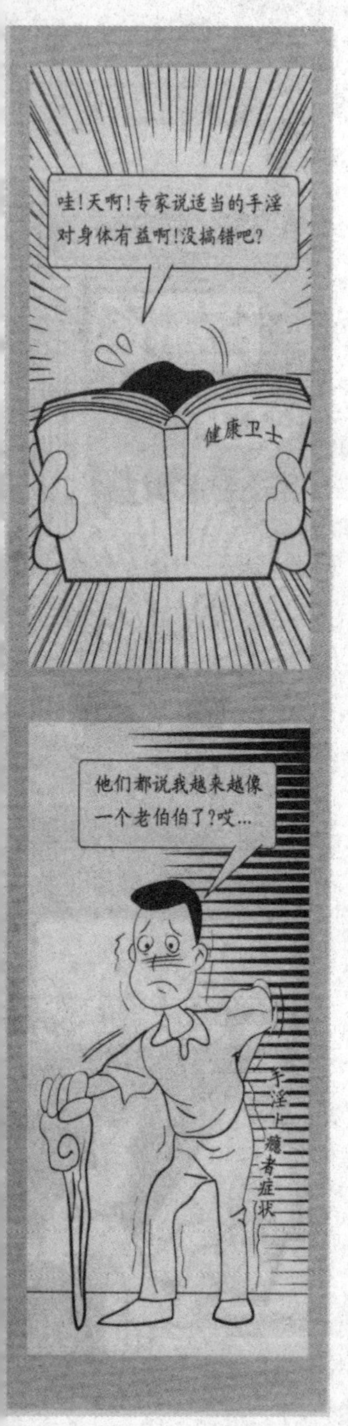

上没什么害处。

●手淫并不会引发男性或女性生殖器官形状和颜色的变化。

●手淫不但不会影响将来与伴侣发生性行为时的反应和感觉,反而有助于增强敏感性。

●手淫可以缓解精神紧张和心理压力。

●所谓手淫的危害，主要是错误地过分宣传了手淫的危害,给人们造成了心理恐慌和压力;换句话说,手淫的危害正是担心手淫有危害的恐惧心理。

●手淫在男性方面可以促进阴茎的健全发育,防止早泄;在女性方面则可开发性感觉,防止性冷淡。

●适当的手淫可以缓解前列腺充血，对身体有益……

朋友们,我要真诚地告诉你,正是以上这些观点,助长了我手淫的意识,致使我手淫慢慢成了瘾,差不多每天都想那样做……

我开始变得精神萎靡、常常陷入一些性幻想、上课不能集中注意力、身体疲乏无力、腰酸腿软、耳鸣……

幸亏我遇到了一位特别能够了解我困惑的专家,她让我了解了关于手淫危害性的一些观点，并且她也让我掌握了克制手淫真正有效的方法。

现在我必须告诉你关于手淫危害的一些观点：

手淫危害观点1：

人在产生强烈性欲望的时候，无论是男性、还是女性，性器官都会产生膨胀、充血等反应，生殖器若经常处在这样的反应状态就会消耗很多精神和身体的能量，从而引起头昏、失眠、食欲不振、注意力不集中、记忆力减退等现象。

手淫危害观点2：

人类在产生性欲的时候，其实精神爱恋之欲和肉体需求之欲便同时出现了，我们体内负责实现精神爱恋之欲和肉体需求之欲的部位及神经系统不同，只有参与实现这两种满足的所有部位和神经系统都被调动了，才能引发脑、身、心和谐的快感，完美的性欲过程才告一段落了。

手淫只单纯地实现了肉体方面的满足，而精神上的爱恋之欲还处在未满足状态，因而手淫会制造一些内在的紊乱，这些紊乱会产生一些消极负面的荷尔蒙，从而造成心理和生理上的一些不舒适感觉。

精神爱恋之欲的满足需要有交流的对象，独自手淫使精神爱恋之欲的那些部位及神经系统就会处在压抑状态，并由这种状态引发体内的一些负面生化反应，而这种负面生化反应就会给我们身体的一些部位，包

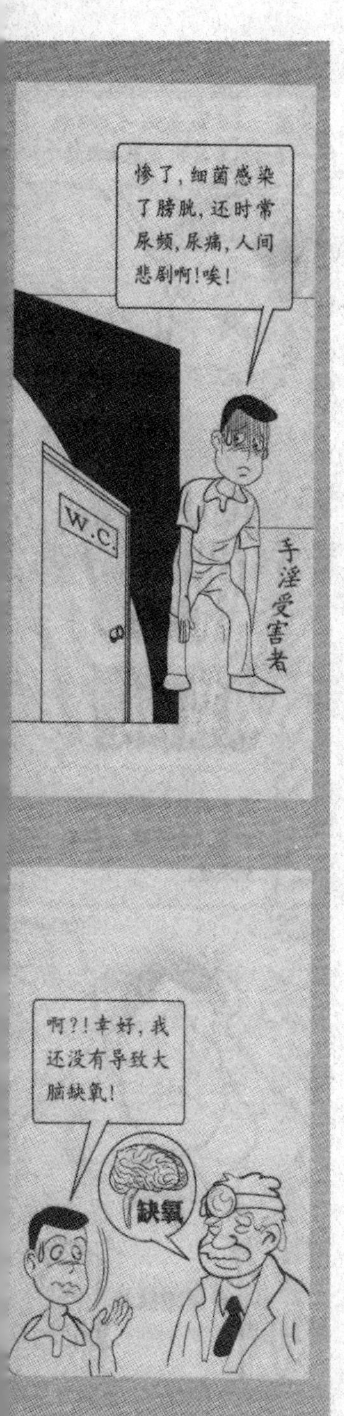

括大脑带来抑郁、不舒适的感觉。

换句话说，身心相悦的性爱所获得的快感是全身心的，手淫所获得的快感是局部的。身体快感和精神快感的时候，缺乏交流对象的真实存在，那么负责引发和满足的融合，才能享受到更完美的性。精神之欲和肉体之欲的产生和满足，它们之间是有机联系的，互为影响的，因而更完美地满足它们也应该照应到整个系统。

手淫危害观点3：

不当的手淫可以引起尿道口充血及轻微的损伤，这时如果不保持下身的卫生，细菌就会穿过尿道，上行感染膀胱，引发尿频、尿痛、发烧、发冷等不适。

手淫危害观点4：

手淫时大脑极度兴奋，可能会导致大脑缺氧。于是你会感觉脑子不爽，甚至头昏、头痛。

人脑是中枢神经系统，身体任何部位的失衡或不协调，都会在脑子里留下记录，并引发不同的反应。情绪和心态越平和，脑子感觉越灵活。

手淫危害观点5：

青少年时期阴茎的生长主要依赖于激素的分泌，激素作用于下级器官组织，完成细胞的增生和分裂，才会让阴茎日渐增大增粗，但是如果屡屡受到外界刺激，比如手淫，没有让组织充分地休息，处于持续充血紧张状态，在某种程度上阻碍其生长过程，导致遗精频频发生，造成头晕、乏力、面容憔悴、精神不振等症状，这样一来，身体本身欠佳，时间一长便会在无形中影响到身体各部位的生长发育，阴茎也不例外。正处在生长发育期的男孩，过渡手淫是有百害无一利的。

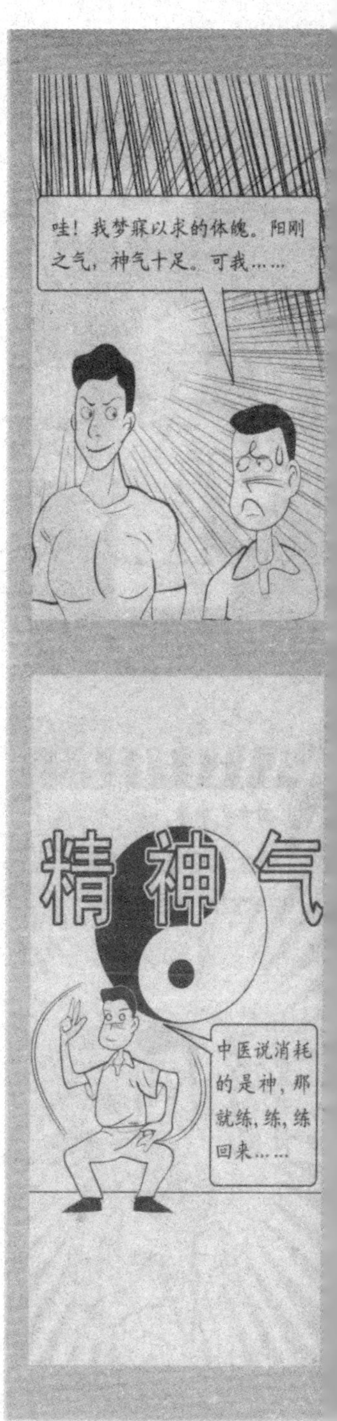

手淫危害观点6：

在中医体系中“精气神”三部分被认定是人体的活力源泉，主张炼精化气，炼气化神，炼神还虚，乃至做到精满不思淫，气满不思食，神满不思睡。

所谓炼精化气，就是将体内雄性激素和雌性激素提升，转化为滋养身体的能量——气。

所谓炼气化神，就是将滋养身体的能量——气，提升、转化为滋养大脑的能量——神。

所谓炼神还虚，就是将滋养大脑的能量——神，与宇宙纯粹的大能量接通，即达成天地人合一的状态。

因而从“精气神”的观点来看，男子精液的耗损和女子下身分泌液的耗损也就代表气血的流失，气血的流失便意味着大脑神的消耗。手淫就是在消耗神。

手淫危害观点7：

青春期性器官还没有完全发育成熟，过早地进行

性生活，生殖器长期充血，处于膨胀的状态，则会引起生殖系统的一些负担或消耗，造成身体和精力的巨大亏损，从而可能引发不同程度的性功能障碍，成年后易发生早泄、阳痿、腰酸和容易衰老等问题。

手淫危害观点8：

手淫有利也有弊，其实正常的性交也因其各种原因潜伏着一些利弊。若能以养脑、养神、进取、成就……为准则去对待性，就会感受和拥有最佳的性状态。

现在我认为片面强调手淫无害的观点是不负责任的，片面强调手淫有害的观点也是不负责任的。

真正负责任的做法应该传播和秉承以下信念：

●坚信性欲被唤醒、满足得越晚，就越有益于身心健康，越有益于取得人生成就。

●坚信放纵性欲，会使大脑变得昏沉，精神萎靡不振，慵懒，耳鸣，肾脏早衰，影响学业和事业的发展。

●坚信性欲是完全可以控制的，越能够控制性欲的人，才是越有智慧、越有前途和发展的人。

●坚信炫耀性欲，就等于是在炫耀自身的动物性。唯有善于控制性欲的人，才能更充分地张显自身的人性和高贵性。

●坚信人与动物的其中一个重要差异就在于人能

够掌控自己的感受、情绪、欲望、生化反应、精神和身体状态，而动物则基本上受本能的左右和控制。一个人的掌控能力越强，他的人性就越足，他可能取得的人生成就就会越大；一个人的自控能力越差，他的动物属性就越强，他的人生成就和发展就会受到很大的负面影响。

●晚一点儿恋爱、晚一点儿结婚、晚一点儿满足性欲对自己的方方面面更加有利。

●实在控制不住了，属于偶尔的、特殊情况下的、有节制的手淫，做过以后要告诫自己：绝不能沉迷在这样的事情里，我要精化气，气化神，精神饱满地去实现更大的理想和目标。

●即使在偶尔控制不住的时候，也要坚信次数越少越好。

●如果你还没有手淫，千万别因为好奇而尝试，若能终生克制手淫为最好。

●越控制性欲就越有精神和力量，人生的运气就会越好!!!

秉承以上信念，我用以下两种方法有效地克制了手淫的念头和行为。

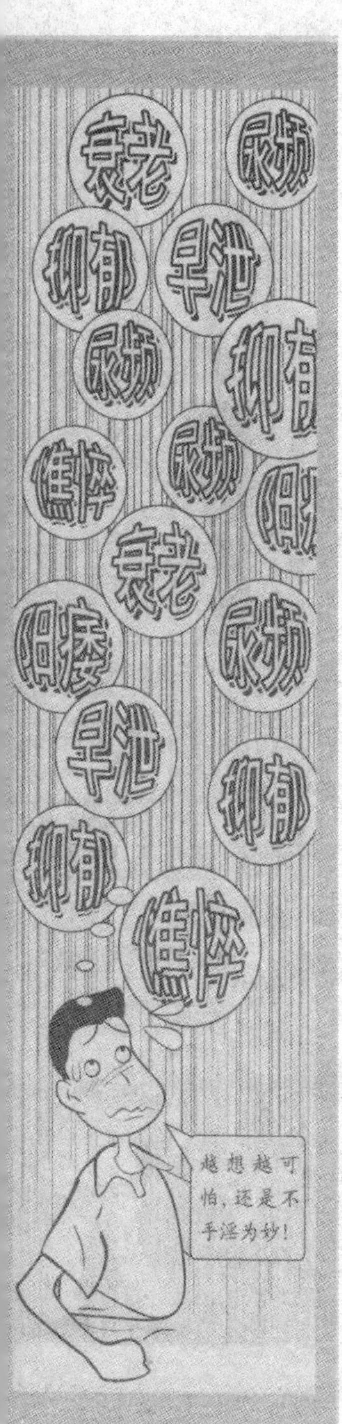

第一种克制手淫的方法是：让脑子里充满手淫有危害的画面。

指导我的专家告诉我：我们脑海中能够反映出的各种各样的画面，是对我们脑海中的思考模式和行为模式的解读，也是对我们的感受、心态和心境的解读。并且脑海中画面的变化也会引发我们思考模式、行为模式、感受、心态、心境的变化。

因此，通过改变我们脑海中的画面就可以改变我们的感受、心态、心境、思考模式和行为模式，同时带动我们现实中具体行为的变化。

要想戒掉或克制的事情，就不要总是想着它的好处。当你想到那些好处和好感的时候，就很难克制和戒掉了。因为当我们的大脑想到某一件事儿好处和好感的时候，就会立即调动周身与之相关的各个部位作出反应，这种反应就会要求我们重新再去体验、获得那些好处和好感，于是强烈的欲望就萌发了。点火容易，灭火难。

因此，想要戒掉或克制的事情，就要习惯去想它的危害，想到的危害越多，就越容易戒掉或克制了。

要想让自己更容易想到那些危害，就要把那些危害通过视觉、听觉、触觉深深烙印到潜意识里。具体做法是：把那些危害写出来，经常看、经常读、经常想象自己在经验和感受那些危害的样子。

其实我们经常处在做不做那件事情的十字路口，当我们又想到那样做的好处的时候，就会看到、感觉到绿灯，就会找出很多的理由想要前行，体内也会产生一种力量推动你向前，于是戒除和克制的堤坝就会决堤。

只有当我们及时想到那样做的危害，并且让想到的危害远远大于想到的好处的时候，就会看到、感觉到红灯，于是才会努力说服自己、阻挠自己不去做那样的事儿，此刻我们也会感觉到我们的理性和意志力，于是我们就有能力千方百计地掌控体内生化反应、荷尔蒙的变化，掌控我们的情绪、想法、抉择和行为。

只要我们的脑子里充满了手淫有危害的画面，也充满了实现远大理想和目标的自己喜悦、充实的样子，那么我们就会克制手淫，发奋学习和工作，因为人的行为总是追求快乐，逃避痛苦的。快乐和痛苦的感受已经被设计在了脑海中的那些画面里。

如果让我们的脑子里面充满手淫有危害的画面，

我们身体出现的生化反应和心理出现的各种反应，就会远离手淫的事情，而是把注意力放在更重要的事情上。

我运用脑海中的图像克制自己手淫意念和行为的具体做法是：

把能够想象到的手淫的危害性全都写在一张纸上，然后把那张纸压在床底下，并且经常想象那些危害性，就是说，把那些危害性变成图像，把它们视觉化。

视觉化的图像对我们心理和行为的影响力要比抽象的文字理论对我们心理和行为的影响力大几万倍，哇噻!!!

并且把自己的近期和远期的理想和目标，以及实现这些目标的具体计划、激励自己的一些语言也写到一张纸上，然后把它贴在房间比较明显的地方，并且让这些内容也在脑海里视觉化、图像化。

第二种克制手淫的方法是：原地高抬腿跑步法或拍掌跑步法：

一旦性欲已经在干扰自己了，我通常的做法是立即一边跑步(也可以原地高抬腿跑)一边默诵：

克制性欲，好运多多

撩拨性欲，困厄重重

降服性欲，英雄好汉

怂恿性欲，懦夫狗熊

战胜性欲，成就大事

放纵性欲，碌碌无为

或者用劲儿拍掌，然后在心理自问自答：一再这样，你的大脑就不灵了，你干吗？——我不干！一再这样，你的学习成绩就下降了，你情愿吗？——不情愿！一再这样，你的身体就会变得虚弱了，值得吗？——不值得！然后一边跑步一边说：我不再那样了！我不再那样了!! 我不再那样了!!! 我战胜黑色欲望了！我战胜黑色欲望了!! 我战胜黑色欲望了!!! 我是好样的！我是男子汉!! 我是大有作为的人!!! 我要立即开始做正经事!!!!

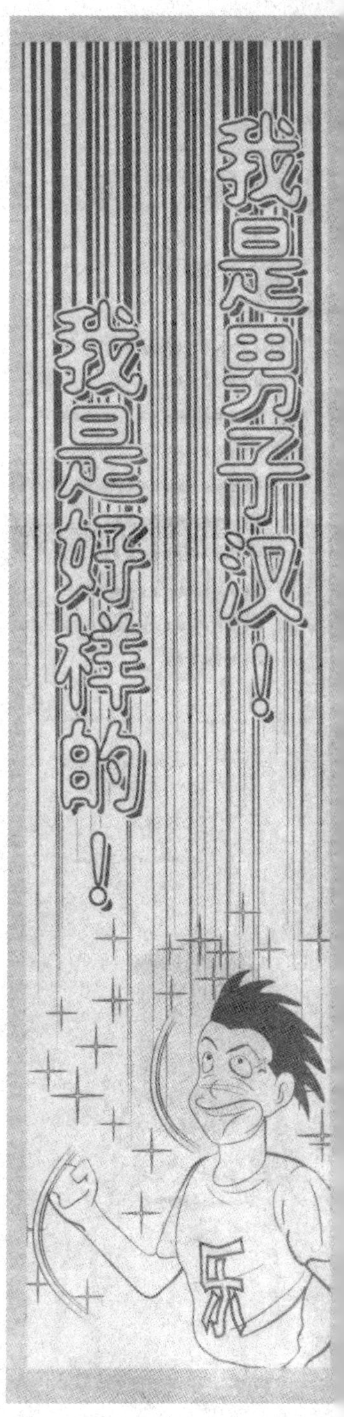

性欲产生主要源于以下5种原因：

- 体内性激素的状态和生理的周期变化
- 外界的一些刺激
- 与饮食有关
- 与人生目标有关
- 与一些观念、心理状态和情绪状态有关

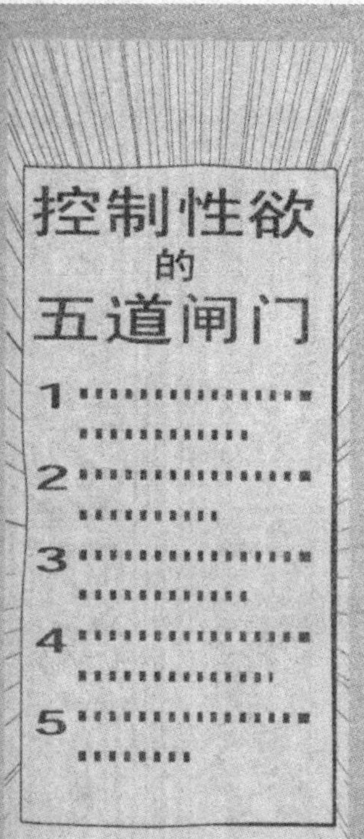

要想成功地控制性欲的产生，就要给引发性欲的5种诱因分别设一道闸门，具体做法如下：

●多参加一些运动，从而使身体性能量自然转化为其他能量。

●远离外界的刺激，比如不看黄色书籍和网络。

●多吃素，不要吃太多肉。

●树立远大的理想和目标。

●清洗自己的潜意识，把内在影响自己学习和发展的所有消极负面的情绪都解除，让积极正面的心态和思想充满潜意识。

温馨提示：

具体做法请参考作者的《24小时改变孩子一生》、《24小时改变你的一生》、《天天快乐的活法》。

有时在一些很特别的情境中，也会有失控的时候，一旦情欲、性欲已经到了很难克制的程度，应该怎么办呢？

记住，即使在这个时候最好不要去满足它，而是要转化它。

如果你满足了它，因之产生的那些负面影响就来了。并且，你满足它的方式也会变成习惯，使你以后很难抗拒它的诱惑，同时也很难摆脱满足以后的一些负面影响。

对，尽量不要满足它，而是要千方百计去转化它。假如你坚信这种情况下的性欲也是可以转化的，那么它就一定能够被转化。

这种情境中转化的最有效方式是果断离开你所处的房间或某个地方，让自己去见某个人或去人群地，比如去见某个同学或者去超市，或者去运动等。因为时空环境变了，场就变了，不同的环境和场地，包含着不一样的信息，对人的影响就不一样。

性欲被转化以后，尽管你没有享受到满足它给你带来的快感，但你同时也不会背负满足它引发的各种负面反应，并且每一次战胜性欲之后，你都会更加欣赏自己的意志力。

当然，你觉得要想有效降服它已经很困难了，真的、真的是已经受不了了，那么就要采用“条件满足法”

满足它。

所谓“条件满足法”就是满足它是要有条件的，你只有答应了这个条件才可以实施满足的行为。

这个条件通常包含以下一些内容：

●学习成绩要跃进到班里第N名；
●从今天开始要坚持阅读健康、有意义的课外书；
●从明天开始上课要积极举手回答问题；
●从今天开始接纳父母，不要乱发脾气；
●从今天开始要自己洗衣服……

也就是说，所要承诺达成的条件，一定要有益于推动自己的进步和成长。

具体的做法就是，在实施满足以前，你必须要在心里进行类似这样的发誓、承诺：“很遗憾，这次因为某些原因，我没有办法克制自己了，但是之后我决心一定要更加发奋努力学习，把精力和注意力都用在更有利于自己成长的事情上，我一定要让自己的学习成绩在班里再前进5名。男子汉说到就能做到!!! 我也十分清楚，我的注意力越能够集中到学习上，我的克制力和意志力就越能够增强。”

需要声明的是，我介绍给大家的战胜、降服、克制性欲的做法，只是让你在学生时代使用，也就是身心都未完全成熟的青少年时代使用，而不是让你终生都这样做。当我们学业和事业都有成的时候，当我们真正懂得了爱情的时候，当我们能够对自己以及所爱的人承担责任的时候，我们就可以好好地享受情爱和性爱带给我们的奇妙、美好的感受了。

是的，情爱和性爱的确妙不可言，但只有到了一定年龄和阶段我们才能全面深入地感受到它的绝妙处。未成熟的时候，我们对它的体验和尝试，往往是肤浅的、充满危害的。

其实我已经下定了决心，即使是将来，我也绝不能让自己整天沉迷在那种事情里，我知道还有比性的感受更美妙、更精彩的享受，那就是生命层次不断成长和提高的享受。因此，我的一生都要把提高生命层次看作是最最重要的目标和事情。相对来说，性的享受只不过是生命提升所获得的一种嘉奖。

生命层次的提升是人生永远的主旋律，性的享受则是人生某一阶段的插曲或伴奏而已。若要把性的享受和满足当成主旋律，那么这个人就没有什么出息，也没什么发展前途了。

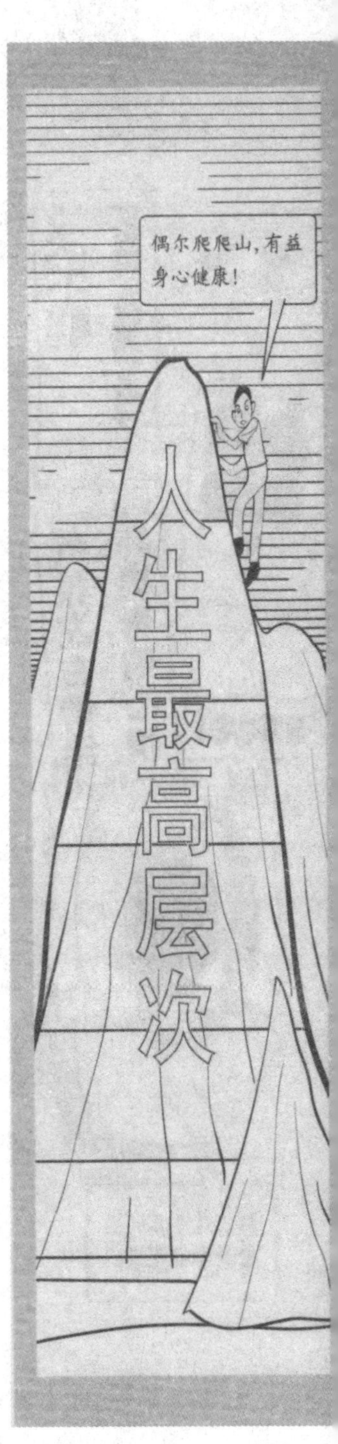

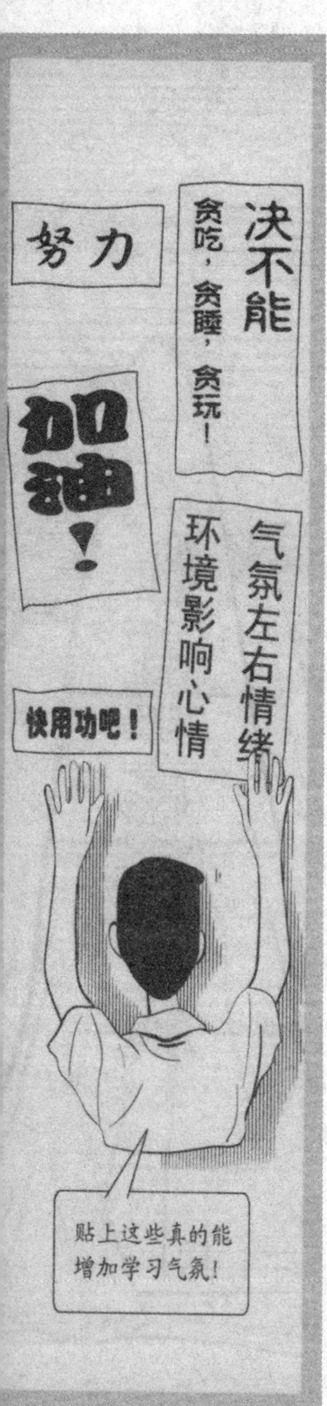

另外，我为了给自己的房间增加一些奋发向上的氛围，我在床头贴上了这样的激励语言：

快看书吧!

要想成功，

决不能贪吃、贪睡、贪玩!!!

快用功吧!

要想成功，

决不能总想着情爱的事情!!!

快行动吧!

要想成功，

就要比别人更努力，比别人更有克制力!!!

环境影响心情，氛围左右情绪。

恋爱须知:荷尔蒙与人生状态

我们的大脑和身体,每时每刻都会引发不同的生化反应,即分泌不同的荷尔蒙,荷尔蒙的变化随着注意力、想法和行为的变化而变化。人体可以产生的生化反应有无数种,如果我们把这些生化反应按照对人的身心影响进行分类,那么我们体内的荷尔蒙就可以分为以下五大类:

红色热燥荷尔蒙——此种荷尔蒙能够给人带来快感和兴奋,但是当快感和兴奋告一段落的时候,身体和心理都会产生某种程度的损伤。

这是因为红色热燥荷尔蒙在让你产生兴奋和快感的同时,也会让你的身体产生一种热烈、膨胀的感觉,在这种荷尔蒙的作用下,大脑、身体和心理,都会受到某种程度的冲击。

这种冲击具有破坏性。性欲所引发的荷尔蒙就属于这种荷尔蒙。因为红色热燥荷尔蒙,开始的时候会给人带来一些快乐、满足,所以这种荷尔蒙也叫“先益后损荷尔蒙”。

黄色惰性荷尔蒙——这种荷尔蒙容易让人变得懒惰，不求进取，得过且过，妨碍身体健康，阻碍心灵成长。这种荷尔蒙之所以会妨碍身体健康，是因为这种荷尔蒙容易让人贪吃贪睡，影响血液循环，从而导致身体虚弱；这种荷尔蒙之所以会阻碍心灵成长，是因为这种荷尔蒙，让人不求进取，从而心灵无法得到成长。

黑色毒性荷尔蒙——这种荷尔蒙对人的身体和心理都会造成伤害，当人拥有烦恼、嫉妒、憎恨、紧张、恐惧、烦躁、绝望等一些消极负面的情绪的时候，就会分泌这种荷尔蒙。

黑色毒性荷尔蒙主要有3种危害：

1.危害健康，容易生病，容易衰老；

2.危害大脑，让大脑产生抑制，学习能力和记忆能力下降；

3.危害心情，滋生负面情绪，烦闷、抑郁。

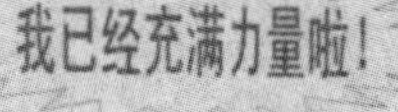

绿色成长荷尔蒙——这种荷尔蒙基本上对人有益无害，但也要把握好度，过度的劳累或过度的激进也会产生一些危害。当人内心燃烧着伟大理想，并为理想而努力的时候，就会分泌这种荷尔蒙，这种荷尔蒙使人充满激情和斗志，如果把握好了度，就会既有益于身体健

康，也有益于心灵成长。

白色滋养荷尔蒙——这种荷尔蒙让人心态平和，情绪稳定、充满智慧、思维缜密、自然自在、稳步发展……如果说绿色成长荷尔蒙有点儿像年轻人的激情，那么白色滋养荷尔蒙就有点儿像不惑之年的情感和智慧。

一个人要想取得更大的人生成就，要想活得更好，就应该让自己在更多的当下拥有绿色成长荷尔蒙和白色滋养荷尔蒙。

人类的文明主要体现在：每个人都变得越来越善于策划、管理、掌控自己的人生了；越来越善于设计、管理、掌控自己的情绪和欲望了；自身的动物属性越来越能够有效控制，自身的各种美德和崇高性越来越能够散发出光芒。

如果人类变得越来越放纵了，那只能表明人类的文明在倒退。

人生是有目的的人生，人生的目的就是不断提升自己的生命层次。一个人的生命层次越高，人生就会越充实和快乐；一个人的生命层次越低，人生的烦恼和困扰就会越多。

生命层次的提高过程，其实也是提高自己控制能力的过程。因为一个人的控制能力越强，他才越能够把主要精力和时间用来做更有意义和价值的事情，而越是更有意义和价值的事情，才会更能够让我们品尝到更甜美的人生。

尽管现在社会对人的本能的欲望越来越能够理解和宽容，但千万不要以为这是鼓励我们放纵自己，而应该借助这种理解和接纳，对自己有个正确的认识，不给自己的心理制造压力，然后千方百计地提升自己，改变自己。

在班级里不被异性重视怎么办

我叫肖霞，本人自认为爱学习、求上进、相貌也还可以，可是不知为什么却没有男同学追求我。在我看来那些条件不如我的人也收到过情书，可是我却不被他们任何一个男生关注，真让我感觉自卑。有时和女同学在一起讨论男同学的时候，她们都很骄傲地能够说出某男生对她如何如何的一些值得炫耀的事儿，可是我却没什么可说的，感觉挺扫兴的。

因为没人爱，所以我自己也常常感觉自己不够可爱，这种自卑、扫兴的感觉让我变得挺消沉的，曾经有一段时期我活得很不开心。

后来得到了“快乐成长指导老师”的帮助，我才又找回了自信和力量。也许有些同学也会有我曾经有过的忧郁，下面就把我解脱的方法告诉你。

我所用的方法就叫“通过日记改变认知法”。

所谓“通过日记改变认知法”就是准备一本日记本，每天在日记本上写出至少一种以上没接到情书的好处。也可以分析没接到情书的一些积极正面的原因。

我在日记本的扉页上，写上了这样几个字：不被打扰真好！

然后，我经常把接不到情书，不被打扰的好处和一些可能性写出来，就这样，随着日记本上文字量的增多，我的情绪和感受也在发生着质的变化。我重新接纳了自己，又恢复了自信，并拥有了自豪感。我浑身也散发出朝气和正气！这种感觉真的太好了！以下是我从日记本上摘录的一些内容：

5月18日：

并不是接到情书的人就意味着他们就有魅力，NO！接到某一个人的情书的时候，只能表明，他的某些方面或某种表现能够迎合对方的某种需要，而他的需要也许是很低层次的。因而有时候迎合别人需要的同时，便意味着迎合了低级趣味，降低了自己的人格和价值。自己的魅力不会因此而放大，只能因此被糟蹋。

举例说，当我们看到某个男生和女生在校园操场肆无忌惮地亲吻的时候，其实他们的魅力在那一刻便荡然无存了。

5月19日：

在情爱方面我们千万不要追求人见人爱的感觉，因为当我们为营造那种感觉而努力的时候，我们已经把自己变成了烟花女。

我们的魅力应该兼具有一定的震慑力，使得那些小男人们不敢轻易地打我们的主意。

5月20日：

我现在明白了——我是否可爱，是否有魅力，真正的评委并不应该是我们班的男生，因为真正的评委必须具备如下资格：

能够准确透视一个人的人格层次，
能够客观评估一个人的人生价值，
能够清楚看穿一个人的生存能力，
能够正确识别一个人的修养、品德，
能够基本预见一个人的发展前途……

一个人的真正魅力由他的人格层次、人生价值、生存能力、修养品德、发展前途等要素决定的。只有够资格的评委，才能做出对我公正的评价。

我们班的男生都太嫩了，他们还没我深刻呢，我怎么会期待他们读懂我、喜欢我呢?理智清醒的做法应该是，千万不要再对他们抱有任何幼稚可笑的幻想了。

我期望将来到了大学里或走到社会上能有一个够资格的评委有缘走进我的生活。

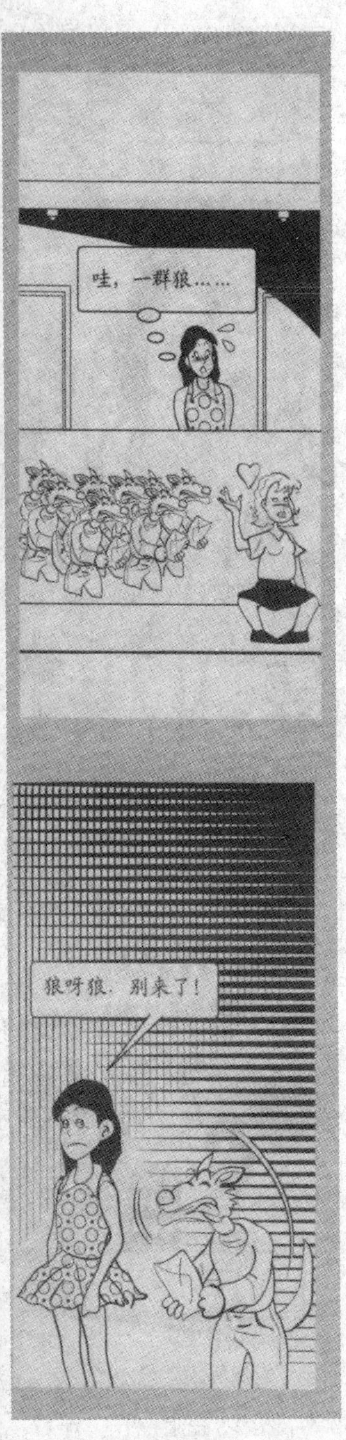

5月21日：

我们年级有个很风流的女孩，头发做了颜色，据说她收到的情书非常多，我们班男同学也有给她写情书的。听说她的外号叫“方便面”，就是谁都可以和她泡一泡的意思。太可怕了，看来给她写情书的人，也许不是真心爱她、珍惜她，而只是觉得她容易泡。哇！不晓得她是否知道自己的外号，不过我看她好像挺得意的样子，可能她不知道。太可怜，也太可悲了，她可能还误以为自己很有魅力呢。原来在有些情况下被别人追求、被别人爱，是因为你肤浅、你容易泡。

看来，我应该为没人敢追求我高歌一曲！哈哈哈!!!

5月22日：

假如你天天在心里说：“谁来爱我吧，我需要被爱，给我写情书吧，我不会拒绝的，我需要爱……”你心里在这样想的时候，你的神态就会很特别。于是，接收到这样一些信息的人，可能就真的要做出回应、采取行动了。难道任何一个人给你写情书你都欢迎吗？你不会那么无聊吧?! 你要真那样，我看你就是在自找麻烦，因为也许给你写情书的人根本就不配你，并且在处理双方关系的过程中你将承受很多危害。

看来还是接不到情书，不被别人打扰好。

5月23日：

世界最有影响力的女人排行榜上的赖斯、吴仪都是单身女人，而她们却魅力四射。可以说，最有影响力的人，就是最有魅力的人。影响力是靠魅力作用的。

当我们没有接到情书的时候，不表明我们就没有魅力，只能说明我们身上充满了正气和高贵的气息，一般人不敢算计我们。

5月24日：

今天同学们在谈论一本描写中学生的言情小说，看得出有几个同学有意在炫耀自己把那本书看得有多细。说实话，我没看那本书，这要是在以前，我就会觉得自己落伍了，就会立即找来那本书看，然后也加入他们的侃谈。

可是这次我没那么做，因为我最近比他们的收获更丰富、更有价值，和他们的近期状况相比，我有一种优越感。我在完成功课的同时，再阅读哲学、自然科学、伟人传记和探索大脑奥秘的一些书，这些书让我变得更有品位。而他们读的那类书，只会让自己变得更肤浅、更堕落。

我发现当自己活得比较充实的时候，就非常有自信。人有了自信以后，就没有虚荣了，我为自己感到骄傲和自豪。

5月25日：

其实你以前害怕的不是没人爱你，而是害怕自己没有魅力；担心的不是以后找不到老公，而是担心自己不够好；你渴望的不是爱情，而是渴望被别人重视。

现在我已经知道了，要证实我的魅力，不是靠情书，而是靠综合素质。

要想展示自己的优秀，靠的是自己的学习成绩和品德。

要想受到更多人的重视、受到社会的重视、受到各种机会的重视，就要让自己变得更有智慧、更有能力、更有本事。

依赖情书得到的满足只能是肤浅虚荣的满足。奇怪，我现在不但不再渴望得到情书，而且十分害怕收到情书了。

5月26日：

今天下课的时候，同学们又在议论爱情的一些话题，我竟然声明——本人在上大学之前绝不谈恋爱！差不多全班同学都听到了。其实这便意味着我在告诉全班男同学别打我的主意。

我真佩服自己的勇气。看来我已经彻底走出困惑，变得刚强和成熟了。

肖霞，你非常了不起，你非常伟大，我爱你!!!

5月27日：

我不再嫉妒那些收到情书的同学了，我也不再羡慕那些正热恋中的同学了，因为我找回了自我价值感。我不再需要别人的爱来证明自己的价值，我自己就知道自己的价值和存在的意义。

哇，自己能给自己自信的支点，这种感觉太好了！智慧无穷，无所畏惧！

5月28日：

什么叫早恋呢，依我看一个人还不清楚自己应该找什么样的对象的时候，就糊里糊涂爱上了，就叫早恋；

一个人还不能用理性和智慧选择对象，而是因为冲动爱上了并不应该爱的人的时候，也叫早恋；

一个人谈对象、结婚是为了给别人看，换取别人认同的时候，也叫早恋；

只有一个人已经能够用理性和智慧选择和处理两性关系的时候，他才告别了早恋，进入了正常的爱恋时期。

很庆幸，我没有发生早恋；还可以说，很幸运，我没有遇到性骚扰。哈哈哈!!!

5月29日：

尽管恋爱的感觉非常好，可是我现在并不想尝试，因为我还未满18岁，我还是一个学生，我知道早恋所发生的一切，会给未来的人生罩上阴影、增添许多麻烦……

尽管恋爱的感觉非常好，可是我能克制自己，因为我现在最最重要的事情是学习，我有远大的理想和抱负，学业成了，未来才会更美好……

尽管恋爱的感觉非常好，可是我现在绝不会向任何人表达那类痴情，也不希望任何人对我进攻，因为现在我们都还不太成熟。越成熟的人，才会酿造越成熟的爱；越成熟的爱，才会越甜、越刺激、越过瘾……

尽管恋爱的感觉非常好，可是我现在决不考虑，早恋的人，都是缺乏理想、智慧的人；早恋的人，都是缺乏意志力的人；早恋的人，都是没出息的人……

尽管恋爱的感觉非常好，可是我已经决定了——大学毕业，事业有成之后再考虑恋爱和婚姻，因为现代人都已习惯了晚婚和晚育，谁都不想让家庭和孩子拖累自己的事业和前程，这也标志着人类文明的进步……

5月30日：

我坚信：

只有自己瞧得起自己，别人才能瞧得起你；

只有自己赏识自己，别人才能赏识你；

只有自己不断创造自身的魅力，别人才能认为你有魅力；

只有自己重视自己，别人才能重视你。

6月1日：

一生的全部努力都是为了讨男人喜欢、满足男人、侍候男人……我觉得这种女人最没出息，这样的一生到头来只会感到空虚、一事无成。

一生的全部努力都是为了孩子……我觉得这种女人其实很难真正教育好孩子，因为她的狭隘、保守、随意放弃自己的人格可能会给孩子带来一些负面影响，因为她缺乏大智慧，很难运用最好的教子方法。

我并不反对做贤妻良母，但那不过是我的一个附属形象，而我的主体形象是要成为一个充分发展自己、完成自己、实现自身更大的价值、关爱全人类和整个大千世界的人。唯有理解和支持我这样做的人，才算真正与我有缘分的人。

也许那样的缘分只有在我学业和事业都有了一定成就的时候，才会出现。不能急，不能急！这可是关乎到未来人生方方面面的大事儿。

我很欣赏一句话："你选择的并不只是一个人，而是一种生活方式。"

是的，选对了人，就等于选对了生活方式，这样才能达成人生的最终理想；选错了人，就等于选错了生活方式，于是身心能量就会不断被消耗，背负着很多消极负面的包袱，岂不是自讨苦吃。

恋爱须知:人的魅力是有层次之分的

你爱某个人，是因为某个人能够满足你的某种需要;同样某个人爱你,也是因为你能够给对方提供某种需要。这就是说,爱是因为需要而引发的。而需要可以分为六个层次,不同层次的需要,彰显着不同层次的魅力。因而也可以把魅力分为六个层次。魅力的六个层次与生命、人格的六个层次是一一相对应的。

魅力的第一个层次:

第一个层次的人是没有任何责任心的小我，也叫精神死亡的人,他们几乎没有任何魅力。

魅力的第二个层次:

这个层次的人是极其自私自利的人，他们只具备肉体或钱财方面的魅力。

如果一个人把你当成了工具一样使用，不希望你有任何思想和追求,只希望你一切一切都听他的,任他摆布,那么你在他心目中的魅力,就属于这个层次。

同样,如果你也希望把对方当成工具一样使用,想用就用，想弃就弃，不讲感情，只考虑使用价值。那么对方在你的心中也属于这个层次的魅力。

魅力的第三个层次：

这个层次的人是以家庭利益为重的较世俗的人。

如果一个人更看重的是你养家过日子的能力，那么你在对方的心目中的魅力，便属于这个层次。

同样，如果你更在意对方的，也是养家过日子的能力，那么对方在你的心目中也属于这个层次的魅力。

魅力的第四个层次：

这个层次的人能够关心集体利益，遵守社会公德，有一定的思想层次。

如果一个人对你的爱，更注重的是你能够在第四个层次上与他对话，能够在第四个层次上理解他、支持他，那么你在对方心目中的魅力，就属于这个层次。

同样，如果你更看重对方这个层次的品德、思想，那么对方在你心目中也属于这个层次的魅力。

魅力的第五个层次：

这个层次的人有了更大的胸怀和抱负，他们愿意为国家的利益承担责任。

如果别人爱你，更看重的是你所具备的这个层次的人格，你们彼此能够在这个层面上进行思想交流，那么你在对方心目中的魅力，就是这个层次的。

同样，如果你更欣赏对方的是这个层次的人格，那么对方在你的心目中也属于这个层次的魅力。

魅力的第六个层次：

这个层次的人——关爱全人类和整个大千世界。

如果别人爱你，主要是敬仰你所具有的这个层次的人格，那么你在对方心目中的魅力，就属于这个层次。

同样，如果你更被对方具备的这个层次的人格所吸引，那么对方在你的心目中，也属于这个层次的魅力。

一个人被需要的层次越高，他的魅力就越大。别人

是在哪个层次上需要你，你在别人心目中的魅力就在哪个层次上。

一个人自身的生命层次和人格层次越高，他被需要的层次就越高。

一个人所拥有的肉身能量和物质能量都是非常有限的,一个人可以拥有的精神能量却是无限的。

因而要想让自身的魅力越大，就要注重提高自己的生命层次和人格层次。

一个曾怀孕两次的中学生有话想说

我叫田悦，今年16岁，我已经做2次人流了，一个月以前我心里有3大恐惧：恐惧自己这么小就做了两次人流，以后结婚很难再怀孕了；恐惧结婚以后可能会形成习惯性流产；恐惧如果把早恋进行到底，将来考不上大学。

这些恐惧常常让我唉声叹气，十分迷惘。后来在一个“快乐成长指导老师”的辅导下，我终于走出了人生阴影，为了回报给过我真诚指导的专家，我决定把我的一些经历分享给青少年朋友，期望他们少走弯路。

各位同学、朋友，我想从以下四个方面和大家分享：

1.在我做人流的时候，所看到、了解到的

2.我为什么会2次怀孕

3.我的深刻感悟

4.最后我是如何抉择的

我先来说说我2次在不同的医院做人流时看到、听到、了解到的：

第一次做人流我去的是一家大医院。当时那个医院等待做人流的人很多，我基本上能够看出她们的年龄和身份。其中我就发现了几个和我一样也是中学生。我很想从她们那里获得一些做人流的经验，于是我就千方百计地分别与她们聊天。

有一个高中生她要做引产，她已经怀孕5个月了，据说做引产比做人流还遭罪。她本来想早一点儿来做人流，可是因为没有钱，好不容易搞到钱了，肚里的孩子也很大了，需要做引产了。她说假如现在还搞不到钱来医院的话，曾做的打算是，自己把孩子生下来，然后弄死扔了。不过那样做的危险是如果被发现会被判刑的，并且生孩子的时候，自己的生命也有危险。

还有一个中学生是宫外孕……医生说她需要住院。可是她又不敢住院，一是没钱，二是怕父母知道。她说她很后悔发生性关系……我相信任何一个早恋怀孕的朋友，都非常后悔，因此还没贪上这倒霉事的朋友，千万要警惕呀！

第二次做人流为了省钱，我去的是一家私人诊所。在等待做人流的人群里，我仍然发现有中学生。

有一个初三的女生，已经做过4次人流了，她说她换过4个男朋友，所以就怀孕了4次。她父母离婚了，她住在姥姥家。因为学习不好，班里好同学不理她，她感觉很孤独，就不知不觉和那些学习不好的男生在一起寻找安慰，现在她觉得那些男同学都很自私、不负责任，追她的时候甜言蜜语，终于把她搞怀孕了，就开始撤退了。她很绝望，常常想自杀……

我看到、听到的这一切，包括我自身的遭遇，使我有了以下认识：我们这个年龄太单纯、太幼稚、太感情用事儿、太容易冲动、太容易迷失、太容易被伤害、太容易被感动、太容易被诱惑、太容易步入歧途、太容易毁掉自己的前程、太容易自以为是、太容易糟蹋自己了……我们常常为我们的早恋找出种种理论和借口，当我们的父母阻止我们行为的时候，我们还要轻视他们，认为他们和我们有代沟。

其实人这一生一旦陷入了两个人的爱，就很容易变得渺小了，就有了很多局限，也有了很多计较和放不下的麻烦事儿。

我经历了早恋的风风雨雨，因而我有资格这样呼吁：让爱情和婚姻都晚一点儿再开始吧，在青春的时节我们应该让自己的内涵更丰富、知识更渊博、心灵更充实、胸怀更宽广、志向更宏伟、前途更明亮……即使青春让我们有了性意识，感受到了来自异性的强烈吸引力，但是我们要学会克制，学会转化性能量。

我现在佩服的不是那些炫耀自己有性功夫的人，而是那些能够用实际行动证明自己有克制力的人。换句话说，我讨厌那些容易产生情爱冲动或性冲动的人，我羡慕那些意志坚强，珍惜时间不断充实和完善自己的人。

我要克制早恋，一定要冲出早恋迷宫，一定要考上大学，一定要出人头地，一定要成为社会有活力的建设者，而不当懒洋洋的寄生虫!!!

接下来和你们分享我为什么会怀孕两次：

我今年读初三，男朋友和我同校、同年级，但不在一个班。他在追我的时候，写了很多情书，当时我并不喜欢他，而是喜欢他给我写的那些情书。就因为喜欢他写的情书，就同意跟他交往了，我够幼稚的吧！后来到他家去看到了一本《情书大全》，翻了一下我才知道，他给我写的那些情书都是从这本书里摘抄的，我真有些上当的感觉。

有一次,周日他带我去一个公园玩,黄昏的时候,在一棵树下他突然抱住我说他爱我爱得已经全身发抖了,假如我要是不让他“爱”,他可能就会昏过去。怕他真的昏过去，我就在恐惧中完全交出了自己，够幼稚吧！并且这第一次就让我怀了孕。

第一次做了人流以后，我本来已经决定再也不跟他那样了。可是他花言巧语夸奖我身体可爱的时候,我的意志力就崩溃了……他可能为了省钱吧，不肯买安全套,并发誓他一定会控制好,做到体外射精。我就糊里糊涂地相信了他,结果就有了第二次怀孕。

我的深刻感悟：

●两次怀孕让我痛苦地意识到,一旦发生了早恋,很多事情就很难控制了。恋爱中的人智商往往等于零。要想保持理性、保持清醒,就要摆脱卿卿我我的缠绵,把注意力放在更重要的事情上。要想成就大事儿,就要学会克制自己。

●千万不要相信性爱可以加深感情的说法，那是男生骗女生的常用借口。

如果男人是在肉体需求这样较低的层次上爱你，那么发生性行为后，你的神秘感和神圣感就消失了，你对他的吸引力也就慢慢消失了，就容易发生关系的破裂。

●当你的男友把性关系看得比感情关系更重要的时候，只能说明他对你的爱很肤浅，很容易变情。

●任何一个早孕的少女，都会十分后悔!!!!

陷入爱情的人，开始的时候都会觉得爱情太美好了，可是随着日历一页一页地翻动，爱情也在翻动着，于是慢慢你就会觉得爱很麻烦、爱很浪费精力和时间、爱很累、爱有时也很痛苦……爱为什么会是这样的呢?我终于找到了答案，原来爱情是有层次之分的，前面已经有同学和你分享过爱的六个层次，我在这里就不多说了。我想强调的是：

爱情的层次越低，遭遇的磨难就会越多；

爱情的层次越高，品尝到的甘甜就会越多。

早恋的爱情，大多属于较低层次的爱。我清楚我的爱情也属于较低层次的爱。难道我还要固执地泡在我的不成熟的爱情中吗?我不断这样问自己，也苦苦地思索着究竟应该怎么办???

最后我做出了这样的决定：

我对我的男朋友说，我可以给你两种选择：

1.一种选择是我们都要努力学习，在没考上大学以前，克制自己不做那种事情，我们要不断提升我们爱情的层次；

2.第二种选择是，如果你不赞同第一种选择，那么我们就分手。

没想到他做出的是第二种选择，他的理由是在小学的时候，就产生了性欲，他不想克制自己。尽管面对他的选择我很伤心，但是理性告诉我如果还跟他在一起鬼混，恐咱一辈子都要伤心的。他根本就不配我的爱，他不是我要选择的人。

我们分手后，我开始发愤用功学习了，很快我的学习成绩就进入了班级前几名，老师和同学都对我刮目相看了，我的父母也特高兴，这种感觉比和他谈恋爱要好得多。

每当我的内在爱情又涨潮的时候，我就默读或出声朗读“快乐成长指导老师”为我写的这首诗：

我们营养丰富
我们发育早熟
情爱在心中萌动
性欲在血脉里奔腾
耳濡目染爱的刺激
怎不想尝试爱的销魂

我们也有理智
我们也想成功
理想在心中激荡
誓言在骨子里作响
不能只想吃喝玩乐

要尽快承担家庭、社会、人类责任
早恋的利弊
体验了知道
不体验也知道
既然弊多利少
该放下的就放下吧
该了断的就了断吧
要是真心相爱
就应该让对方进步、成长

爱你的人

却不支持你成长
他就不是真爱你
而是想控制你、利用你
把你变成他的工具
那就让他滚开吧
为一个人活着
是贫穷的、空虚的、渺小的
活就要不断提升生命层次
活就要创造自身更大价值
活就要心系民生、放眼世界

青春真好
成长真好
有克制力真好
有理想和目标真好
看破、放下、自在
进取、充实、快乐
和我心心相印的人哪
在成功者的路口等我
“It’s wonderful! ”(好极了！)
加油!!!

恋爱须知:人工流产的隐患

人工流产对身体和心灵伤害都很大。为什么人工流产对心灵也会有伤害呢？因为每个生命的孕育都是有灵性的,即使那个生命还没有成熟,但他毕竟是生命的萌芽,毁坏他就等于残害生命。因而人工流产实际上是别无良策情况下的无奈措施。

为了我们的健康、为了我们的心灵……婚前最好不要发生性行为。婚前不发生性关系就是最好的避孕!尤其是女方,要永远保持清醒,不论男方如何恳求你,一旦发生了早孕,倒霉遭殃的总是女方。

在无法避免的情况下,也要让男方带安全套。如果发生了性关系,又没有采取避孕措施,那么在性行为发生后的72小时之内,可以服用紧急避孕药——毓婷。到药店就能买到这种药，按说明服用就能够达到紧急避孕的目的。

据调查,90%的女孩子都渴望嫁给和自己发生第一次性关系的男人，但是却仅有20%的男孩子最后真的娶了与自己发生第一次性关系的女孩子。

一定要搞清楚对方究竟是在哪个层次上爱你，如果他只是在较低的生理、生存需求层次上爱你，那么你们的关系就很不稳定。当然你也要很清楚自己究竟是在哪个层次上爱对方。彼此爱对方的层次越高，爱得就越深，关系就越稳定。

人工流产可能引发的隐患如下：

●人工流产中造成宫颈损伤，再次怀孕时易发生习惯性流产和早产。

●流产后如发生感染，容易引发盆腔炎、子宫内膜炎、输卵管炎等生殖系统炎症，严重者会导致不孕。

●多次人工流产者子宫质脆，医生在做人工流产手术中稍不注意就会发生子宫撕裂，或造成穿孔，严重者危及生命。

●人工流产及其后遗症，会引起生理和心理很多变化，从而引发月经异常，神经衰弱。

●多次人工流产容易造成子宫变位，子宫内膜异位，导致下腹疼痛、下坠、白带增多、痛经等一系列病症，甚至不孕。

●多次人工流产，由于反复吸刮宫腔，造成子宫内膜损伤、感染，使子宫痉挛性收缩，在愈合过程中容易发生子宫腔粘连。

●多次人工流产，如果子宫内膜的基底层受到损伤,就会失去再生能力,虽然卵巢功能正常,按时排卵,但是不来月经。

●多次人工流产后，怀孕生下的孩子弱智者比例大幅度提高。

●在不孕症的群体中，有30%是因为人工流产后遗症造成的。

失恋了应该怎么办

我用深刻、痛苦的教训体验过了，的确在学生时代，不应该涉足爱情的游戏。

今年我高一了。在上初二的时候，我收到了同班一位男同学给我写的一封情书。看那封情书的时候，的确让我兴奋、激动、得意、遐想联翩……说真的，当时我并不太喜欢他，只是因为他的追求太热烈了，后来我就陷入了爱河。

过去我的成绩在班里能排前十名，谈恋爱以后，自然会分散很多精力，上课下课总是不知不觉地想感情的事情，我的学习成绩开始一点一点儿往下滑，有一次期中考试，我的学习成绩竟然降到了班里倒数第九名。

老师、爸爸、妈妈都开始给我施加了压力，当时我很矛盾。就是在这个时候，一件令我十分气愤也十分痛苦的事情发生了。证据确凿，他又和我们学校低年级的一个女生好了。天哪，太可怕了，我已经把一切都交给了他。他怎么可以这样对待我???面子、尊严、自信心……都

被他给粉碎了。我不停地流泪,伤心到了极点,我没有心思学习,我就要崩溃了,我不想上学了。

后来,我爸妈给我报名,让我参加了“快乐成长特训营”。在特训营中,我明白了摆脱烦恼痛苦的唯一方法就是提高自己的目标层次和人格层次 (请看书后附录), 正是因为我提升了自己的目标层次和人格层次,我又重新振作起来了!

我在特训营确定了这样的人生目标:用一生的努力,不断挖掘自身的潜能,实现更大的人生价值;将来一定要找一个有远大的人生理想和志向的人, 并且他要支持、鼓励我达成我的目标,当然我也会支持他的。

并且在特训营中,我建立了如下一些信念,这些信念让我真正走出了烦恼和困惑, 并且清楚了自己人生的方向。下面我把那些信念分享给你,也许也会给你带来力量。建议你把那些信念每天至少高声朗读或默读3遍,坚持一周,你的心情和状态一定会变得非常好。

就是以下这些信念给了我智慧和力量:

●一个人真正的魅力, 取决于他所到达的人格层次,一个人的人格层次越高,魅力就越大。魅力并不取决于某个人对你的态度，假如某个人离开了你，不爱你了，只能说明你们没缘，或你们不在同样层次里。

●要想找回自信、找回价值感，就要振作起来，不断提高自己的综合素质和人格层次。

●每一次挫折都是提高自己的机会，若能在痛苦中找到对自己的成长有好处的方面，就能够彻底摆脱痛苦。

●痛苦到达极点的时候，就会发生一次蜕变。在较大的厄运中，你一旦能够站起来，你就成了巨人。

●我不可能被伤害，除非我正在伤害自己。

●我不可能被欺骗，除非我正在欺骗自己。

●我不可能被抛弃，除非我正在抛弃自己。

●我不可能不被爱，除非我不爱自己……

●人生的目的，就是让自己变得更有智慧、更有能力、更有价值、更有成就、更有发展和前途……

●恋爱、结婚的目的，就是和另外一个人互相鼓励、互相支持、互相帮助、相互促进，从而更有利于达成人生的目的。

●假如，你和别人的恋爱，没有使你的人生进步，反而让你退步了，那么，只能说明你找错人了，如果你执意和这个人在一起，那么，你未来的人生一定要承受很多磨难和痛苦。

●和让你变得更加进步、优秀的人在一起，能够让自己充实快乐。

●和让你变得越来越空虚、无能、毫无长进的人在一起，对方就成了你人生进步和幸福的绊脚石，成了累赘、负担，你就要活受罪。

●恋爱，可是人生中非常非常重要、严肃的事情，这种事情只有在有了丰富的人生经验以后，才能够选得准，找得对。较早涉足恋爱，必然会潜伏很多祸患。

其实不只是女生有被男生抛弃的可能，我们男生也有被女生抛弃的时候。我的女朋友就抛弃了我。

高一的时候，本来是她先追求我的。那时其实我对她还没什么感觉，可是她的热烈的追求，很快就让我忘乎所以了，我不顾父母的阻挠，深深陷入了爱的旋涡。

我想她，看不见她的时候就想她；我爱她，让我为她做什么我都会心甘情愿的……我们形影不离，恋爱的感觉的确太好了。可是随着爱情的深入，我的学习成绩却不断在下降着，奇怪她的学习成绩却基本没下降。最后她考上了大学，我没考上。

她上大学以后，就和我疏远了，我明显感受到了她现在不爱我了。现在我再复读，忍着深深的伤害，准备再次冲刺高考。

我相信今年我一定会考上重点大学的。紧张复习之余，我也会思索为什么我的成绩因为谈恋爱受到了影响，而她的学习成绩却没受到影响呢？如今我已有了越来越清晰的答案，因为我投入的比她真诚，比她多。她是水性杨花的人，心里并没把我当回事儿，她寂寞的时候，只是把我当成了开心果捉弄而已，她忙的时候，就把我当成了包袱不理不睬了。

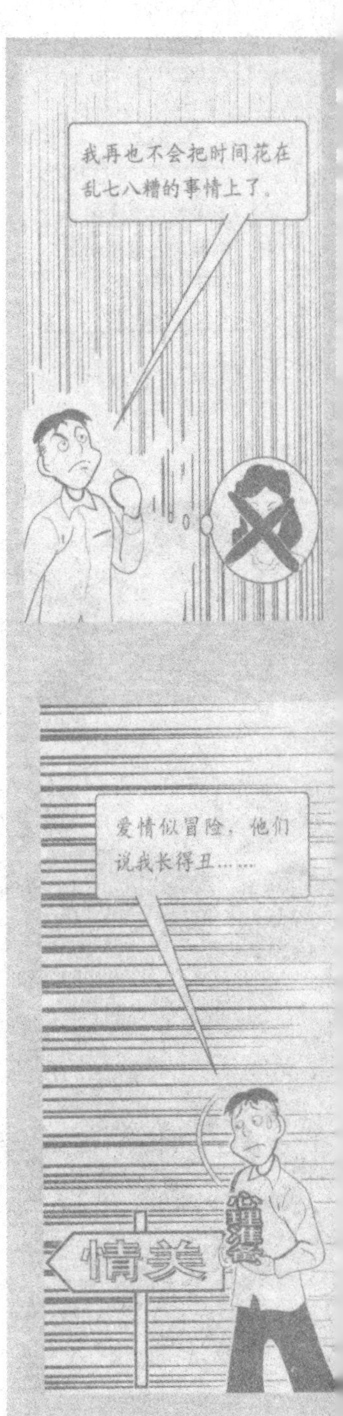

我的痛苦经验是：

爱情很浪漫，可能也很残忍；很温馨，可能也很痛苦。你想她的时候，她根本就不想你；你还爱着她的时候，她却已经不太在意你了……这种感觉真的好难受、好无奈呀……

一旦你对一个人产生了感情，并决定要实现这种爱的时候，其实你就已经开始了一种冒险。因为你投入这种爱的时候，是希望同时也得到对方的爱，但有可能你展示了各种方式爱对方，对方却不爱你，或对方爱你爱得不够，或对方爱你的方式并不是你想要的方式……这时候你的能量就会下降，你就会感觉很痛苦。

所以尝试爱情，提前要做好各种心理准备，能够幻想到和对方拥抱、亲吻、心心相印的甜蜜，也应该幻想

到被对方拒绝，或两个人相爱了一段时间以后，因为某种原因而产生情变的可能。

因而你在决定向某个人表达爱，或接受某个人求爱的那一刻起，你就应该在心里反复告诫自己："我已经做好了两种准备——体验爱情的甜蜜，也准备体验情变感伤；我既要对别人负责任，也要对自己负责任；我既不会为难别人，也不会为难自己；人与人之间的关系是缘分的关系，我知道缘分不能强求，只能顺从；我能拿得起，也能放得下！"

人们已经习惯了在谈恋爱的时候向对方发誓或要求对方发誓永不变心，然而爱情和婚姻充满了变数，不是宣誓了永恒就会永恒，在关键的时候，左右人们做出选择的往往是当下的感受而不是曾经的誓言。

为了防止意外，我们也应该培养自己正视爱情或婚姻变化的勇气和接受这种变化的能力。因此，在向别人发誓或要求别人发誓的同时，也应该在心里反复告诫自己："我已经做好了两种准备——体验爱情的甜蜜，也准备体验情变感伤；我既要对别人负责任，也要对自己负责任；我既不会为难别人，也不会为难自己；人与人之间的关系是缘分的关系，我知道缘分不能强求，只能顺从；我能拿得起，也能放得下！"

现在我深深体会到，一旦动了爱的念头，爱上了一个人或被一个人爱着的时候：

就免不了要想念对方、惦记对方、关怀对方……

也免不了监视对方、挑剔对方、猜疑对方……

也免不了被对方监视、被对方挑剔、被对方猜疑……

也免不了产生误会、发生争执、断绝关系……

如此这样不但会干扰情绪，而且还特别消耗脑能，自然就会不同程度地影响学习成绩。

因而我已决定在学生时代，不再谈恋爱了。等事业有成，思想也比较成熟的时候，我坚信有缘的人就会出现。

下面和你分享一首我写的诗：

《学会享受孤独》

我需要有人陪伴，

日子一天天地过，路还很长，

总会遭遇一些挫折和磨难，

有人陪伴就会多一些力量……

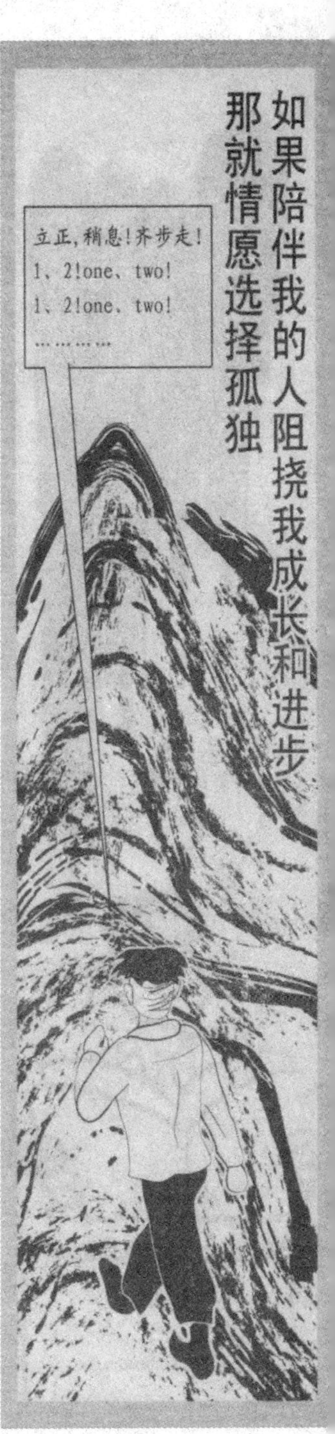

我需要有人陪伴，
星移斗转，潮涨潮落，
常常产生爱欲的情绪，
有人陪伴便会撞出火花，感受慰藉……

我需要有人陪伴，
但我更需要生命升华，
如果陪伴我的人阻挠我的成长和进步，
那就情愿选择孤独……

情投意合的缘分，
不知是否在我命里，
倘若两人不能相濡以沫，
便要学会享受孤独……

要做好两种准备，
有人陪伴的时候，
让日子充满温馨的阳光；
没人陪伴的岁月，
让日子充满成就的色彩……

卿卿我我是一种享受，
独立奋斗能够赢得更多时间，
人生可以缺少或失去爱的伴侣，

但却不能缺少或失去心灵的成长……

一切让缘分来决定吧，
能把握的只有当下，
我会让每个当下充满意义，
我能把每个日子都变成节日!!!

准备好了，
不拒绝缘分，
也不恐惧孤独，
有激情，也有理性，
可以躲过许多麻烦，减少许多烦恼……
没有计划，
就等于在计划失败，
没有准备，
就等于在准备失误，
我有计划，也有准备了，
迎接未来更踏实，也更自信了……

心快乐着，人生就快乐着；
人生快乐着，生活就快乐着；
生活快乐着，日子就快乐着；
日子快乐着，浑身都快乐着……

恋爱须知：什么情况下才有资格谈恋爱

不是说你生理趋向成熟了，萌发了性的念头的时候，你就可以谈恋爱了，恋爱可是人生中非常、非常、非常大的一件事儿，在谈恋爱前，你真的应该完成下面一张问卷，这张问卷你能得80分了，你才真正有资格谈恋爱。

谈恋爱之前必答题：

1.分别从生理、生存需要和精神需要的角度论述恋爱、结婚的目的和意义；

2.要想让彼此的爱情永恒应该怎么办?

3.怎样做才能让自己拥有更大的魅力?

4.应该找什么样的人结婚对自己才更有利?

5.如何才能不得性病和艾滋病?

6.艾滋病的现状?

7.安全避孕和紧急避孕的方法是什么?

8.为什么情人眼里出西施?

9.为什么男人更在意女方是不是处女?

10.为什么说娶一个人或嫁一个人，等于或娶或嫁了一种生活方式?

11.为什么当一个你并不太喜欢的人，突然要离开你的时候，你也会非常难受？

12.如何衡量一个人对你爱的深度？

13.如何判断你的爱情质量？

14.做人流的危害是什么？

15.沉迷在爱情中的危害是什么？

16.如何才能彻底摆脱失恋的痛苦？

17.列举3种以上克制性欲的方法。

(以上每道题为6分，只有得80分以上的人，才有资格谈恋爱。答案请在书中找！)

写作业的时候，如何避免胡思乱想

我叫田宇，写作业的时候，我常常会陷入男女事情的胡思乱想，心里很不净，并常常导致萎靡不振、脑子昏昏沉沉，因而影响了写作业的速度和质量。

后来我才明白，我那种胡思乱想叫“性幻想”，很多人都会出现这样的状况。在“快乐成长指导老师”的指导下，我学会了在写作业的时候避免胡思乱想的方法，这些方法的确管用，现在我终于远离那样的胡思乱想，重新振作起来了。现在我把我用的方法分享给你们，祝你们更上一层楼！

每次写作业之前，要调整好自己的状态，调整的方式就从下面5种方法中选择，可以选择其中的一种，也可以选几种联合使用：

第一种方法：闭上眼睛想象右眼前有一个喜欢胡思乱想、迷迷糊糊的自己，左眼前有一个精力集中、专心学习的自己。再想象两个自己的手里都接到了一张神秘的字条。那个迷迷糊糊的自己接到的字条上写着：“在写作业的过程中，你若是胡思乱想与作业无关的事情，本官就判你将来为窝囊废！”

那个专心学习的自己接到的字条上写着:“好样的，因为你有克制力和意志力，所以本官送你一个称号:幸运儿！从此你一定会大有作为！”

然后你要对右眼前迷迷糊糊的自己说:“窝囊废，快走吧,我不想成为你！”再对左眼前专心学习的自己说:“我想成为大有作为的幸运儿！”然后想象右眼前的窝囊废已经消失了，左眼前的幸运儿正准备专心写作业。当你感觉幸运儿的决心已经很大的时候,就可以睁开眼睛,开始用功了。因为这时潜意识里和幸运儿相关的资源都被激活了，你现实当下的表现就会像是刻苦用功的幸运儿了。

第二种方法:在纸上,写出你们班或你们年级或你们学校你很佩服的品学兼优的一个或几个同学的名字,然后把他们的名字贴在写字台前面或侧面的墙上,然后每次写作业之前都要看着那一个或几个人的名字,想象他们正在用功的样子,然后对他们说类似这样一些能够激励自己的话:“我知道你在家用功呢，我知道你非常有意志力和克制力,我知道你目标远大,我知道现在播的这个电视剧你也很想看,可是你为了学习,忍住了没看。今天我不如你,明天我要赶上你,后天我要超过你！你能做到的,我也一定要做到!! 我现在也要开始用功了!!! ”

第三种方法：做好计划——用时间来做计划，或者用量来做计划。用量做计划，就是规定写多少量的时候就可以玩了。假如你是一个爱动的孩子，那么你最好用量来做计划，这样有助于提高注意力。

没有计划，就等于在计划失败。计划不明确，动力就不足。有了明确的计划，就会增强行动力。

第四种方法：想象有人在和自己比赛——开始按计划行动的时候，还要想象在和别人比赛一样，如此会更有兴趣，从而增强行动力。

我们都有这样的经验，在参加比赛的时候，不知不觉身体就达到了最亢奋的状态，在那样的状态中行动力最强。其实当我们想象要参加比赛的时候，同样会出现那种状态。

第五种方法：写作业之前，还要把大脑状态调整好。最常用的方法是——把两只手放在膝盖上，然后用手心搓膝盖。一边搓，一边想象大脑变得清爽、聪明的感觉和状态。

大约搓几秒钟你已经感觉很好了，就可以停止了。若能一边搓一边在心里反复说："我不做窝囊废，我要做大有作为的幸运儿！”效果就更好了。

写作业之前做好了以上某些准备，你就会出现写作业的最佳状态，写作业的速度就快，心情也好极了。

运动员上场的时候，都要把自己调整到最佳状态；歌唱家上台演出的时候，也要把自己调整到最佳状态；写作业也是一样，要把自己调整到最佳状态。

其实人在做任何事情的时候，都应该把自己调整到适合做那件事情的最佳状态。不同的状态，引发不同的心理感受，从而形成不同的结果。

恋爱须知：超越性欲比放纵性欲更时尚

男人就好像北磁极，女人就好像南磁极，彼此之间存在着很强的吸引力。如果对男女关系不加以道德的限制，那么必然就会导致可怕的性欲泛滥。

差不多每一个男性都渴望实现爱更多女子的愿望，同时又渴望被他爱着的女人，能够全心全意地只爱他一个；差不多每一个女性都渴望被更多的男人爱着，同时她也渴望爱着她的男人，能够一心一意地只爱她一个。

人与动物在性方面的差别在于，很多动物都有发情期，有些没有发情期限制的动物，它们所拥有的性能力也是有限的。可是人类成年人的性几乎没有发情期的限制，并且性能力也很强。因而人类假如不在性方面加以限制，那么在性方面所消耗的时间、精力、能量太多，在其他方面的潜能就得不到开发了，人就停留在了动物性的状态，人类的崇高性就会被扼杀了。

今天的文化已经能够对人的性欲给予足够的尊重和接纳，但是性现状也有些让人忧虑，很多人变得有些太放荡、太嚣张、太俗气、太无节制了……甚至把和多少个人睡过当成了一种炫耀，以为这能证明自己的本事，殊不知这方面的本事再大，也不过是动物性的本事。

人与人之间最能比出高低、深浅的唯有比人格层次,你有多少钱财、有多高的权力地位、和多少个人睡过……这些都不能证明你人生的根本价值和活的状态,唯有人格层次很高的人,才能活出最佳状态,才能真正感受到非常充实的生命价值和意义。

我们应该倡导一种克制性欲、超越性欲,把不断推动人格层次和生命层次成长作为人生主要目标的人生观和生活方式。

人类的文明就在于有智慧更合理地设计人生,有能力趋利避害地管理欲望，有办法让自己活出最佳状态!!!

人应该在青少年时期就建立克制性欲的意识,有什么样的意识，就会自然引发什么样的心理和生理状态以及行为习惯。若能在青少年时期就建立正确的性观念和正确的人生观，那么人生的里程上就会少走很多弯路。

克制性欲、超越性欲……永远比放纵性欲、沉迷性欲……对自己更有利!

克制性欲、超越性欲,才能更加健康、长寿,才能更有精力和体力成就大事儿。

放纵性欲、沉迷性欲，糟蹋健康、危害生命，影响学业和事业，很难成就大事。

这样的意识和信念应该尽早地烙印到潜意识里，并不断强化它的影响力，从而减少性给人生带来的一些危害，增强抗拒黄色诱惑的能力，集中精力成就事业，实现自身的更大价值。

糊里糊涂、浑浑噩噩的人，往往容易陷入性的误区；

更有智慧的人，一定是最终选择克制性欲、超越性欲的人。

一旦陷入了情爱的胡思乱想，如何立即摆脱出来

我叫乔康乐，我已经知道了避免情爱胡思乱想的方法，其实这些方法我也在用，效果的确挺好的。不过即使这样，难免有时我也会不知不觉又陷入性幻想，我知道那标志着我们的生理正在发育成熟。

在偶尔又陷入胡思乱想的时候，我通常采用3种方法来调整自己的情绪和状态，这3种方法都是“快乐成长指导老师”为我设计的，我感觉很有效，现在把它们分享给你们。

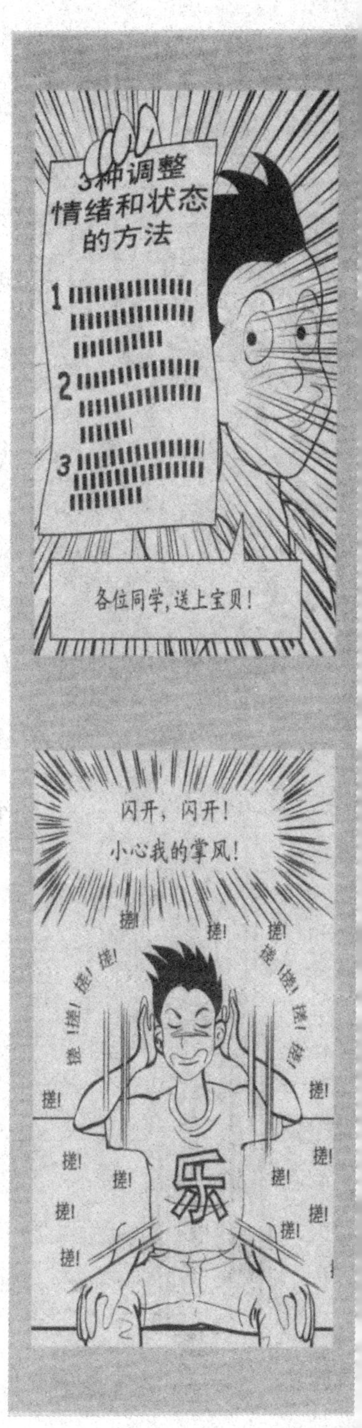

第一种方法是：

一旦我又陷入性幻想的时候，我就立刻用双手搓搓脸、搓搓头、搓搓耳朵或搓搓膝盖，一边搓的时候，一边在心里默念：

●冠军之所以成为冠军，是因为他们比别人更有意志力；

●比我强的人之所以比我强，是因为他们比我更有克制力；

●伟人之所以成为伟人，是因为他们不甘混于普通。

●假如我此时此刻也有他们的意志力、有他们的克制力、也不甘混于普通……那么我就可以逃出胡思乱想，立刻去做更有意义、更重要的事情。

如此这样，我往往真的会立刻振作起来，并立即开始做一些应该做的事儿。

第二种方法是：

一旦我又陷入胡思乱想，就立即开始默读或朗读下面这首诗，这首诗本来是“快乐成长指导老师”为我写的，我也把它送给你：

你陷入了爱的幻想，
生理正在发育，
这我能理解，
但决不能放纵，
因为早恋的果子不成熟。

你渴望去爱一个人，
性激素在作怪，
我懂那种感受，

也许那个人并不值得你爱，
因为她可能不在你命运的轨迹上。

你渴望被一个人爱着，
内心有些孤独，
我晓得那个滋味，
但你的思念，
只会给自己带来麻烦和伤害。

在成长的路上，
情欲会经常出来干扰，
有作为的人，选择了克制它，
没出息的人，选择了迎合它，
如果你想克制它，
现在就原地高抬腿跑步，
直到浑身冒出汗来，
情欲就会消退，
青春又放出光彩!!!

当我读到这儿的时候，我就会开始高抬腿跑步，直到浑身冒出汗来，真的就会重新振作，焕发青春的气息。

第三种方法是：

一旦产生胡思乱想苗头的时候，我就立即打坐，并在心里默读以下文字：

我不再胡思乱想了，

一个人的思想有多大，他的世界就有多大；

他的世界有多大，人生成果就有多大。

男女之间的事情是小世界，

不断学习和进步才能看到、听到、感觉到更大的世界!

我不再胡思乱想了，

思想还不成熟的时候谈恋爱，

彼此就会控制对方，并在嫉妒的情绪影响下，用自己主观的观念、想法和意图修理对方，这样两个人的相爱，就只能会使彼此变得局限、狭隘、渺小……

只有当两个人的思想境界已经到达较高层次的时候，彼此的爱才会由控制转化为真爱，爱得才会更深入更稳定，并且彼此都会成为推动对方成长的助力，并且能够激发出更崇高的爱——爱社会、爱人类、爱世界!于是彼此的爱情才会变得更加稳定、深入、甜蜜、有价值、有意义!!!

我不再胡思乱想了，因为我还没到应该想的年龄和时候。我现在最最重要的事情，就是做好功课，全面锻炼自己的素质，提升自己的人格和魅力。

我不再胡思乱想了，因为我现在选择对象的标准，可能是十分幼稚的、片面的、不知深浅的。

我不再胡思乱想了，否则我的意志力、自信、学习成绩都会遭遇严重挑战和威胁。

我不再胡思乱想了，因为我要享受纯真无邪的青少年时光……

人在打坐的时候，精化气，气化神，神化虚，虚通宇宙。于是打坐的时候整个身体产生正气，正气向上走，正气健脑；

人在性幻想的时候，身体产生邪气，邪气向下流，邪气伤身、损脑。

就这样，采用以上那些方法，我能够立即有效摆脱胡思乱想的情绪，并感觉身上的正气压倒了邪气，头脑变得越来越清爽，身体越来越有力量，自信心更足了，心情更好了，学习成绩也提高了。

恋爱须知：克制性欲的好处

●克制性欲有利于集中精力和注意力做更重要的事情，放纵性欲容易浪费时间、不务正业；

●克制性欲有利于掌控情绪，放纵性欲容易滋生烦恼；

●克制性欲有利于节约钱财，放纵性欲容易挥霍钱财；

●克制性欲有利于身体健康，放纵性欲容易传染性病、毁坏健康；

●克制性欲有利于美容，放纵性欲容易憔悴；

●克制性欲有利于长寿，放纵性欲容易衰老；

●克制性欲有利于成就更大的事业，放纵性欲容易混于普通；

●克制性欲有利于保持良好的心情，放纵性欲情绪容易招惹是非和麻烦；

●克制性欲有利于心态平和，放纵性欲容易心生不安；

●克制性欲有利于回避风险、避免损失，放纵性欲容易掉进陷阱、遭遇不测；

●克制性欲有利于坚持原则、理性判断与决策，放纵性欲容易丧失原则、冲动、失态；

●克制性欲有利于家庭和睦，放纵性欲容易引发家庭冲突；

●克制性欲有利于得到重视和敬佩，放纵性欲容易遭受非议；

●克制性欲有利于赢得更多人的尊敬和爱戴，放纵性欲容易丧失尊严和信任；

●克制性欲有利于维护自身良好形象，放纵性欲容易往自己的身上抹黑；

●克制性欲有利于受到大多数人的尊敬和好评，放纵性欲只会受宠于那些关系和你暧昧的少数人；

●克制性欲有利于与人交往时神态变得庄重、高贵、自然，放纵性欲在与人交往的时候神态容易变得色迷迷、轻浮、龌龊；

●克制性欲有利于让生活内涵变得更丰富，放纵性欲容易活得肤浅；

●克制性欲有利于让人生变得更充实，放纵性欲容易让人生变得空虚；

●克制性欲有利于提高人格层次和生命层次，放纵性欲容易迷惘、困惑、鼠目寸光；

●克制性欲有利于挖掘自身更大潜能、实现自身更大价值，放纵性欲容易精神萎靡、颓废消沉……

了解了这些好处，也就知道了放纵性欲可能引发

的危害，我们若能够把这些好处和危害尽早播种在潜意识里，潜意识的伟大力量就会引导我们趋利避害，提升抗拒诱惑的能力，增强克制力和意志力，从而能够在每一个关键时刻作出选择，让人生的路越走越宽广！

在潜意识里播种克制性欲的好处和放纵性欲的危害的具体方法就是：

把这些好处和危害写到一张纸上，然后经常看一看、读一读、想一想，一旦你感觉播种的这些信念已经能够对你的想法和行为产生较强的影响了，表明它们已经深深烙印在潜意识里，并且生根发芽了。接下来你就会享受到它们给你带来的很多很多好处。

要想戒掉或克制的事情，就不要总是想着它的好处。当你想到那些好处和好感的时候，就很难克制和戒掉了。因为当我们的大脑想到某一件事儿好处和好感的时候，就会立即调动周身与之相关的各个部位作出反应，这种反应就会要求我们重新再去体验、获得那些好处和好感，于是强烈的欲望萌发了。点火容易，灭火难。

因此，想要戒掉或克制的事情，就要习惯去想它的危害，想到的危害越多，就越容易戒掉或克制了。

要想让自己更容易想到那些危害，就要把那些危害通过视觉、听觉、触觉深深烙印到潜意识里。具体做法是把那些危害写出来，经常看、经常读、经常想象自己在经验和感受那些危害的样子。

其实我们经常处在做不做那件事情的十字路口，当我们又想到那样做的好处的时候，就会看到、感觉到绿灯，就会找出很多的理由想要前行，体内也会产生一种力量推动你向前，于是戒除和克制的堤坝就会决堤。

只有当我们及时想到那样做的危害的时候，并且让想到的危害远远大于想到的好处的时候，就会看到、感觉到红灯，于是才会努力说服自己、阻挠自己不去想那样的事儿，此刻我们也会感觉到我们的理性和意志力，于是我们就有能力千方百计地掌控体内生化反应、荷尔蒙的变化，掌控我们的情绪、想法、抉择和行为。

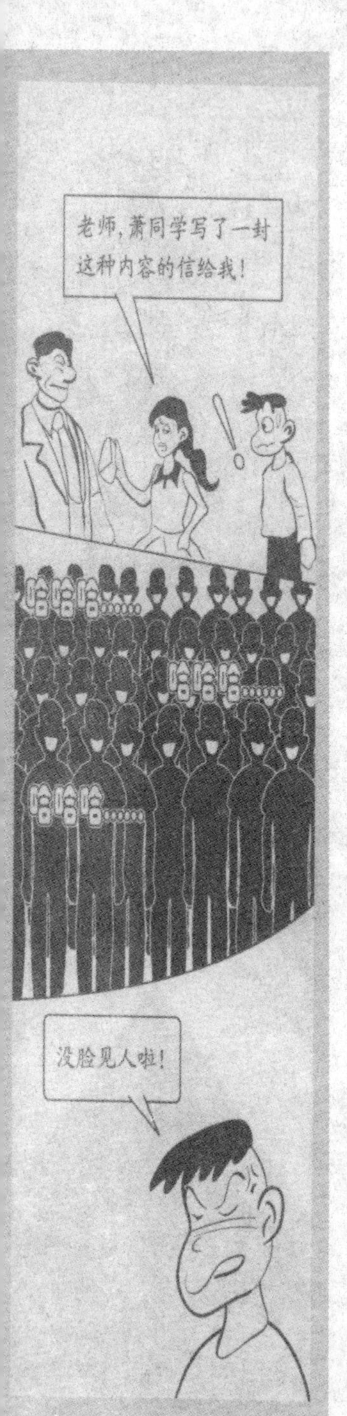

求爱被拒绝了应该怎么办

我叫萧军，我们班有一个女生太迷人了，学习好、身材迷人、脸蛋迷人、气质迷人、说话声音也迷人……

我爱她、我想她、渴望拥有她……

我实在控制不住自己的激情了，就给她写了情书。

没想到这个人太狂妄了，她把情书交给老师了。

老师先找我谈话猛烈地挖苦了我，并说我是癞蛤蟆想吃天鹅肉，校长也在全校师生面前点了这件事儿，于是差不多所有的老师和同学都知道了我给她写情书的事儿。

我不但遭到了毫不留情的拒绝，也在同学和老师的面前彻底地丢了面子。我内心充满了对她的仇恨，也仇恨老师们蔑视我的眼神，仇恨那些讥笑我的同学……

我不想上学了，这么沉重的打击，差点儿把我逼疯了。后来母亲带我去见了一位“快乐成长指导老师”，是她给了我力量和方法，使我重新振作起来。

"快乐成长指导老师"这样对我说:"我不赞同那位女同学把你的情书交给老师的做法，她这么做只能表明她挺刻薄的,降低了她的魅力;我也不赞同学校老师和校长处理问题的方法，他们那样做只能表明他们不懂心理学,智慧匮乏;我能够理解你对一个同学爱慕的情绪,我也能够感受到你现在受伤之后的感觉,所以我愿意和你一起努力找回自信和力量。"她的话给我安慰很大,我觉得她能够接纳、理解我,于是我很信任她。

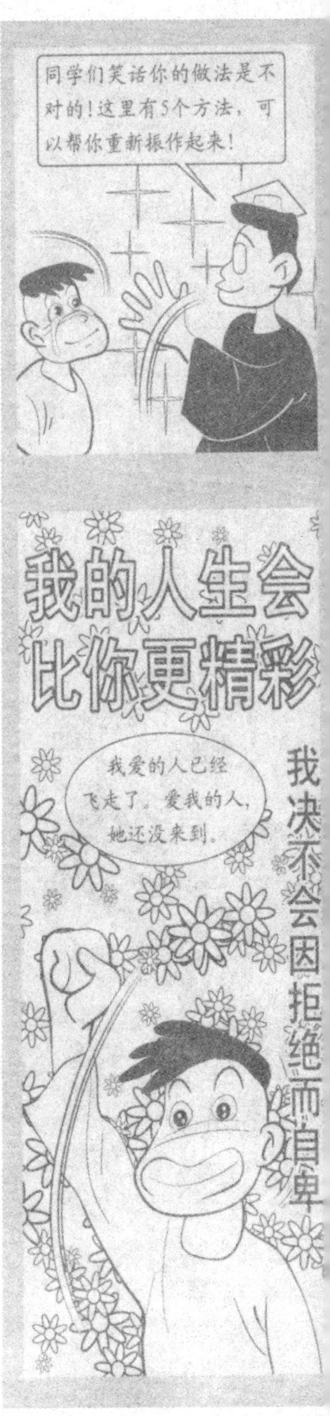

那位"快乐成长指导老师"还给我提供了5种重新振作起来的方法,我用了感觉都非常好,她曾希望我把这些方法分享给更多需要帮助的人,那么现在我就把5种方法分享给你们,祝你们活得开心。

第一种方法:"快乐成长指导老师"为我写了一首诗,让我在情绪低落的时候看一看或读一读。

这首诗的题目是:我的人生会比你更精彩

我不后悔，
终于表达了想表达的，
哪怕说我是癞蛤蟆想吃天鹅肉，
什么回应我都不会悲伤，
本来就做好了各种准备。

爱你是想给你幸福，
因为我坚信，
我的未来一定比你强，
没这信念，
怎敢追求你。

你的绝情，
是你的命运，
也是我们的缘分，
其他都毫无意义。
我决不会因为拒绝而自卑，
男子汉自信不需要别人给支点，
自己就能给自己。

轻视和嘲笑我的人，
内涵太可怜了吧，
我不想跟不如我的人斤斤计较。

被你拒绝也是好事儿，
这样就可以专心学习了，
不管你再有魅力，
和我的时间相比，
逊色的一定是你!
珍惜时间我会拥有无限，

泡着你只会让我牺牲很多。

真该感谢你的选择，
瞧不起我的人，
也正是我瞧不起的对象！
各走各的路吧，
我的人生一定会比你精彩!!!

这首诗真的使我找回了自信和力量，尤其是那两句“和我的时间相比，逊色的一定是你！”我感觉太爽了，每次不知不觉看到她的时候或心里感觉到她的时候，我的心里、我全身的每个细胞里就会充满那句话：“和我的时间相比，逊色的一定是你!!!”于是我内在的委屈等负面情绪就会被发泄得淋漓尽致，甚至越来越坚信只要我不断努力，我的未来真的会比她更精彩。真爽，酷毙了！

第二种方法：让内在充满超越那个同学的激情

每当那个女同学又闯入我视野，我的情绪又受到干扰的时候，我就立刻握着拳头在心里说：“我要超过你的学习成绩，我要让你羡慕我未来的生活!!!”

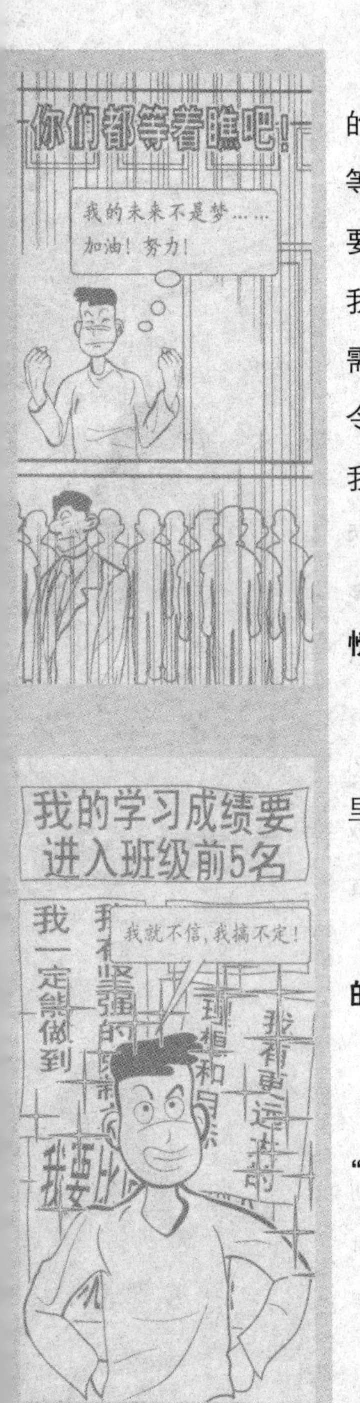

或者这样说："我的价值、我的品格、我的成就、我的魅力……不是你能够读懂的，燕雀安知鸿鹄之志哉！等着瞧吧，我要开始用功了，一个月之内，我的成绩就要超过你！我要超过你！我一定要超过你！我要比你牛！我要比你强！!！我的重要性是我自己能够创造的，我不需要，也不在意你对我的任何回应了，我的将来一定会令你震惊的。到那时，会有很多比你还好的人主动追求我，等着瞧吧！哈哈哈!!！"

第三种方法：让内在充满超越挖苦你的老师的激情：

每天面对那个挖苦我的老师，我要握着拳头在心里说："等着瞧吧，我的未来会比你强百倍！"

第四种方法：让内在充满超越那些嘲笑你的同学的激情：

每天面对取笑我的同学，我也会握着拳头在心里说："笑话我的人都是孙子辈的，爷爷我没时间理睬你们。"

第五种方法：目标视觉化——激励法

在我房间的墙上，贴上以下一些文字：

●我的学习成绩要进入班级前5名；

●我要有远大的理想和目标，我的远大理想是将来成为对社会有杰出贡献的人；

●我要比同龄人表现得更成熟,更有智慧；

●我要处处表现得有礼貌、有道德,正直、诚信、公正、民主是我做人的原则；

●我不怕任何打击和挫折,因为我是男子汉；

●我有坚强的克制力，每天我都能够集中全部精力去做最有益于学习和心灵成长的事情，我能够成功地克制自己不胡思乱想那些对学习和心灵成长不利的事情,我能够做到,我一定能够做到,因为我是未来想成就大事的人。

墙上的这些文字,给了我很大的鞭策和激励,而且我还经常想象自己真的已经成为了那样的人，这样的想象慢慢就会变成真的了。这就叫心想事成! 哈哈哈!!!

就这样我的气概、我的自信、我向上的冲力……很快就征服了所有的人，就连那个把情书交给老师的女生,后来也在一些细节上表现出了对我足够的尊重。

现在我认为——

自己不击倒自己，

别人就无法击倒你；

自己不折磨自己，

别人就无法折磨你；

自己不欣赏自己，
别人就不会欣赏你；

自己不重视自己，
别人就不会重视你；

自己决心要出人头地，
别人就无法阻拦你；

自己要不断给自己支点，
别人就无法撼动你；

自己给自己阳光，
别人就无法让你冷落……

我也会时刻牢记——摆脱所有烦恼和痛苦的唯一出路，就是要提升自己的目标层次、人格层次、需求层次、生命层次!!!

我提高了，我真的已经有了很大提高，所以现在真的很开心、快乐!

各位同学、各位朋友：祝你们快乐!!!

恋爱须知：对方的好往往是虚幻出来的

“爱情”是一本厚厚的辞书，再聪明的青少年也很难一下子就把它读懂，这部辞书是分阶段演绎的，学生时代对爱情的感受和定义不同于走上社会以后；谈恋爱的时候对爱情的感受和定义又不同于结婚以后；年轻的时候对爱情的感受和定义不同于人生阅历非常丰富了以后……

能否读懂“爱情”这部辞书的差异是：

能够读懂这部辞书的人能够非常深刻地明了彼此是在哪一个层次上爱对方；这场爱对彼此的利弊是什么；如何掌控才能更有益于彼此的发展前途；且能够做到拿得起、放得下！

还没有读懂这部辞书的人爱得有些盲目、肤浅，很难看清楚、甚至根本不想看清楚彼此相爱的深层因由和支点；对方的好往往是虚幻出来的，也就是说，也许对方没有那么可爱、没有那么好，你是为了满足自己心理的需要，把对方想象成了很完美的样子，一旦你面前的他慢慢还原了以后，你就会很伤心、很绝望；不能理

性地处理彼此的关系，一切都太情绪化了；不能理解对方，总想控制对方；不考虑未来、不顾及后果，可能会陷入感情的泥沼而不能自拔；常爱抱怨，心理感受越来越沮丧、悲观……

所谓早恋，就是还没有读懂爱情这部辞书的时候所发生的爱恋。

因为你没有读懂爱情这部辞书的时候，你就读不懂对方，也读不懂自己，也读不懂你们之间的感情纠葛……于是就很容易失控，很容易迷失，很容易丢失自我，很容易偏离理想和目标，很容易伤心痛苦，很容易悲观绝望，很容易耽误前程……

青少年学生阶段产生爱恋的时候，最容易虚幻、夸大对方的优点，也最容易忽视、逃避对方的缺点，不切实际的幻想彼此甜蜜的感情和未来是这个阶段最习惯出现的心理状态。

为了对彼此心情负责任，对彼此未来负责任，青少年之间所产生的爱慕之情，最好把它当成真诚的友谊，让彼此的交往停留在纯真友谊的层面，并且彼此可以采用“提前预约法”(请看本书22页)等待心智更成熟的时候再做决定。

男友“想要……”怎么办

我叫立爽，今年高二，我也早恋了，早恋的确影响学习，挺无奈的，而且更让我焦虑的是男朋友总想跟我发生性关系。我不知道怎样才能更有效地拒绝他。后来“心灵成长指导老师”教了我一些方法，实践证明非常管用。现在我就把那些方法分享给你们。

第一招：当对方提出性要求时，可以选择如下拒绝的语言。

男：你的观念太落伍了，在国外中学生不发生性关系，会被耻笑的。

女：我始终认为最时髦的观念，就是最能够保护自己而不是伤害自己的观念。我坚信最终选择和我结婚的人，决不会耻笑我还是一个处女，反而一定会因为我还是处女而更让他高兴。

并且我听说“美国小姐”莎莉恩在参加选美竞赛的演说中自豪地宣称她还是个处女，她不赞成婚前性行

为，也反对堕胎。她的观点当场赢得了一片喝彩。她是我的偶像！

男：据说那样做可以让女孩变得更漂亮。

女：是吗，我也听说我这个年龄就那样做会让女孩不得不经常去看妇科医生，对健康弊多利少。同时我更坚信心灵的美丽才会让女孩变得更漂亮。

男：有很多对儿同学都这样做了，我们那么相爱，就试试吧！

女：别人是别人，我是我。其实肯定也有很多人现阶段不想这样做，包括我在内。我不想在这方面太轻率，我想你也不会喜欢轻率的女孩吧。

男：上次不是已经尝试了吗，感觉多好啊，这次怎么又不愿意了？

女：我承认上次自己有些冲动和轻率，身体感觉不错，可是心里感觉非常不好，因为我做了不应该做的事儿，错误不能再犯第二次了，其实我更想成为有理性和有远见的人。

男：如果你不肯，就说明你不是真的爱我，那我们就算了吧。

女：如果你坚持这样认为，那么只能说明你爱我爱得很肤浅。我更希望获得的是高层次的爱。你若因此而离开，我不会遗憾的。我不会怕你离开而放弃我的爱情观和原则。

男：那样做会很美妙的，难道做女人的滋味你不想知道吗？

女：据说抽大烟的滋味也很美妙，可是有智慧和理性的人都选择了拒绝。我已经想好了，当我考上研究生以后，再体验做女人的滋味。作为少女的我只想充分享受纯真的浪漫。

男：总之我太爱你了，有些控制不住了，我想要！

女：总之我们越相爱，就越要为双方的未来着想，越要增强克制力。你越顾及我的感受，我才真正感觉更爱我，于是我也会更爱你的。

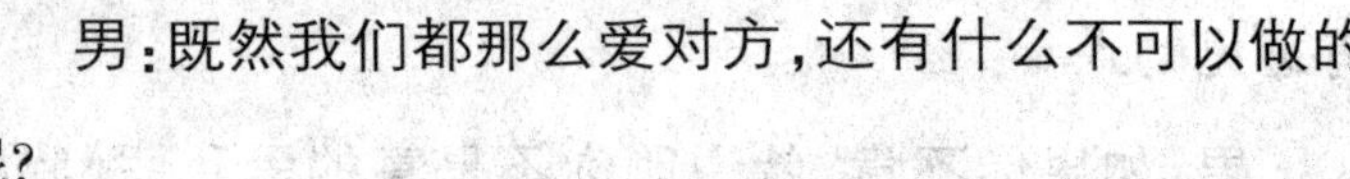

男：既然我们都那么爱对方，还有什么不可以做的呢？

女：即使我们现在都很爱对方，可是我们的年龄还很小，我们还没有能力为对方承担更多的责任，因此过于亲密的身体接触，会让我心里有负担的，甚至会让我怀疑你爱我的动机，这不利于我们爱情的发展。

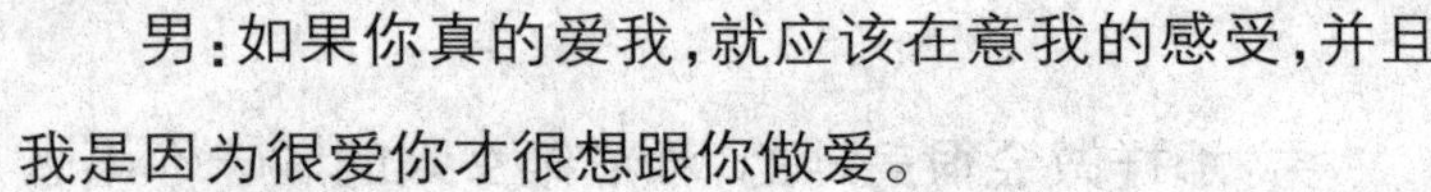

男：如果你真的爱我，就应该在意我的感受，并且我是因为很爱你才很想跟你做爱。

女：我现在选择不跟你做爱，不等于我不爱你。如果你真的很爱我，也应该尊重我的感受，真希望你现在不要逼我做那样的事情。

男：我太爱你了，我忍得太难受了，你能不能帮帮我？

女：我将能给你的最负责任的帮助是和你一起找到克制自己、转移性冲动的方法。为了达成这样正确的目的，我愿意和你共同努力。

男：来吧，我们的爱情已经成熟了，你不是已经答应以后要嫁给我了吗，还等什么？

女：越是成熟的爱情，彼此越应该考虑做每件事情的后果和责任。现在我们就列出那样做了之后可能引发的一些责任和后果好不好？万一怀孕了怎么办，我不想冒那样的险，因为我们还是学生，没有办法承受怀孕造成的后果。

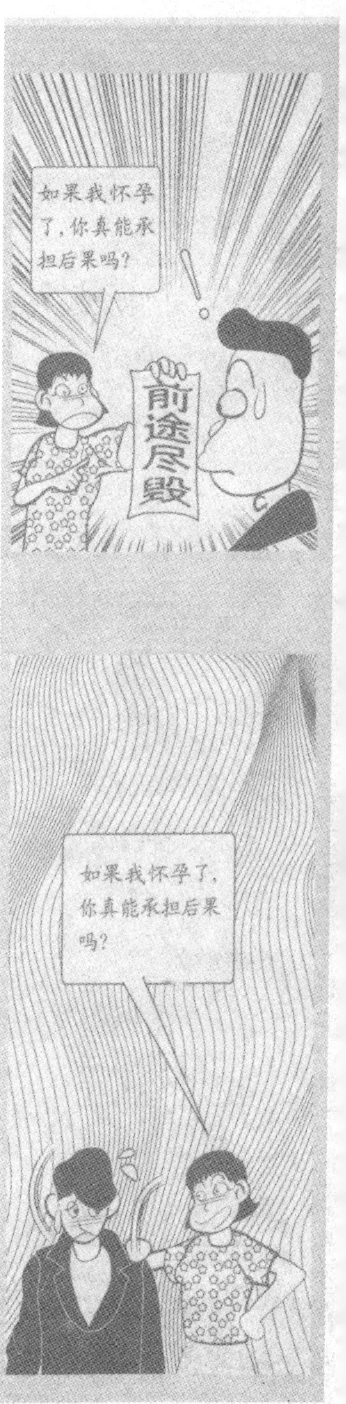

男：有性要求是正常的，而且性行为会使我们更亲近，来吧，让我更深地爱你！

女：我知道有性要求是正常的，不过我们现在的爱情还不成熟。等我们一起考上大学，学业、事业以及我们的关系都稳定了以后，我就把最宝贵的第一次给你。

人家说男人中的珍品是那些能够计划、管理、克制自己冲动的人，而不是那些随随便便的人。让我把你当成珍品吧！其实心灵深处的共鸣才会使我们变得更亲近。

男：我感觉你和我一样也很想试试，今天就试试吧，好不好？

女:坦白地说,我的确也想尝试那种事儿,但我之所以克制自己不那样做,是因为我想在更深远的程度上呵护咱们的爱情。

男:那样做才会让我更满足,你不是说很在意我的感受吗?如果你真的爱我,就证明给我看。

女:我们还是学生,现阶段我只能在感情和精神上满足你,可是生理方面的满足,我没有办法给你。因为那样做会让我产生很多顾虑,那些顾虑会影响我的心情和学习成绩的。其实我们彼此需要证明的是能够在更高的层次上爱、理解和尊重对方。

男:我知道你很喜欢我,我知道你也想要,那就让我满足你吧!

女:我的确很喜欢你,也的确想与你亲密无间,但为了捍卫、巩固和考验我们的爱情,我更愿意选择克制。

男:不在婚前尝试,怎么才知道我们适不适合,听说性生活不协调是很多夫妻关系破裂的原因。

女：我认为先应该尝试和体会我们在志向、爱好和心理等方法适不适合。人格的不协调要比性关系的不协调危害更大。

男：如今在你们女同学中已经没有几个是处女了。处女已经成为了没人爱的象征了。

女：我不是随波逐流的人，我的信念是在两性关系方面，有克制力的人远远比随意冲动的人更有魅力。

刚才我已经和各位分享了拒绝对方性要求的第一种方法——用智慧、犀利的语言回绝法。接下来我和你们分享第二种方法——提前声明，让对方承诺法。其实这种方法也是提前预防的方法。

第二招：提前声明，并让对方承诺！

所谓“提前声明”就是当你和男朋友的关系变得很亲近的时候，你要提前向男朋友声明在结婚前你要维护自己是处女的郑重决定；同时要求男朋友向你承诺——支持你的决定。

平日里透过各种形式一方所传达的信息，对另一方的影响很重要。假如男方透过女方的种种表现所接

收到的信息是女方对性的第一次十分在意，也十分严肃，不到结婚的时候决不可以，那么男方可能就不会产生过分的冲动欲望了，换句话说，他自己就能够有效地克制自己的欲望了。

最麻烦的是女方不想在结婚之前失去贞操，可是却又透过种种方式撩拨男方的欲望，这样做也同样是对男方不负责任的冒犯，其实这也可以被视为性骚扰。

女方若不想提前失去贞操，那么就必须承担起尽量不去撩拨男方那种欲望的责任。

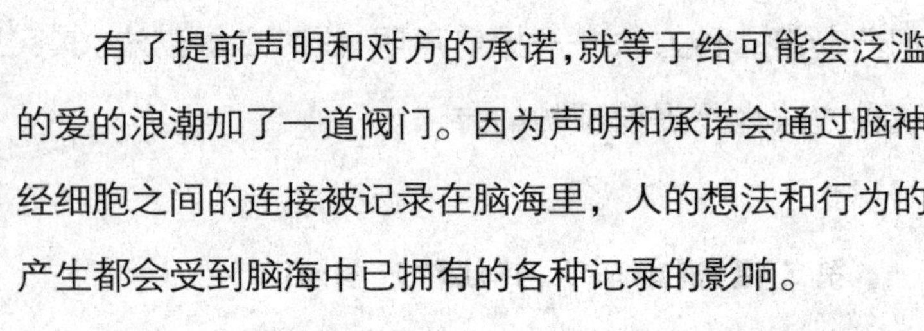

有了提前声明和对方的承诺，就等于给可能会泛滥的爱的浪潮加了一道阀门。因为声明和承诺会通过脑神经细胞之间的连接被记录在脑海里，人的想法和行为的产生都会受到脑海中已拥有的各种记录的影响。

假如没有这道闸门，感情的冲动就可能没有阻拦，假如有了这道闸门，感情的冲动就可能会自动被限定在一定的程度。

第三招：当对方因为某种原因，已经陷入了非要不可的情绪中时，你要带动对方一起做快速改变荷尔蒙的运动，比如原地高抬腿跑步，或其他激烈运动。

性欲产生的当下，体内已经充满了诱发性欲的荷尔蒙，人的行为选择与体内荷尔蒙的变化有关，不同的荷尔蒙会引发不同的行为反应。我们把体内荷尔蒙分为5种。

黑色危害荷尔蒙；

红色热燥荷尔蒙；

黄色惰性荷尔蒙；

绿色成长荷尔蒙；

白色宁静荷尔蒙。

人在性欲冲动的时候，体内所充满的荷尔蒙叫红色热燥荷尔蒙；人在做运动的时候或积极向上、努力学习、努力工作的时候，体内所充满的荷尔蒙叫绿色成长荷尔蒙。

因此，当对方因为某种原因，已经陷入了非要不可的情绪中的时候，你要带动对方一起做快速改变荷尔蒙的运动，比如原地高抬腿跑步、爬楼梯、打球或其它激烈运动，从而让体内产生绿色成长荷尔蒙。体内荷尔蒙的变化，会带动情绪、想法和行为的变化。

第四招：当对方因为某种原因，已经陷入了非要不可的情绪中的时候，你也可以千方百计找借口溜走。溜走之后再立即给他打电话，接纳他，并希望他能让自己的情绪立即平静下来。

你的溜走，会使他立即扫兴，因而你的溜走行为也会立即改变他的情绪和荷尔蒙。但如果你还很在意他，不想与他分手，不想失去他，你应该立即给他打电话，安慰他，鼓励他调整自己的状态。同时请求他理解你的意图和想法。

温馨提示：

很多女孩担心拒绝了对方这种要求，就可能会失去对方。其实真要因此而失去对方，那么不必遗憾，因为对方并不是真心爱你，他对你的爱是最低层次的——只想与你的肉体交融，不想与你的精神交融。

倘若对方真的爱你，爱得很深厚，那么他会因为你的理性而更加看重你、欣赏你、为你加分。

另外我们应该了解以下状况：

男方产生某种欲望是很正常的。从通常意义上讲，在十几岁或二十几岁的时候，基本上是性成熟的高峰期，这时候男孩子在体内性激素的驱动下，很想体验性的神秘。

女人更渴望的是甜蜜的情话，男人更渴望的是性的实现;到了三十多岁或四十多岁的时候,女人对性的渴望变得强烈了，男人对来自女人的温情和理解的渴望也变得更强烈了。

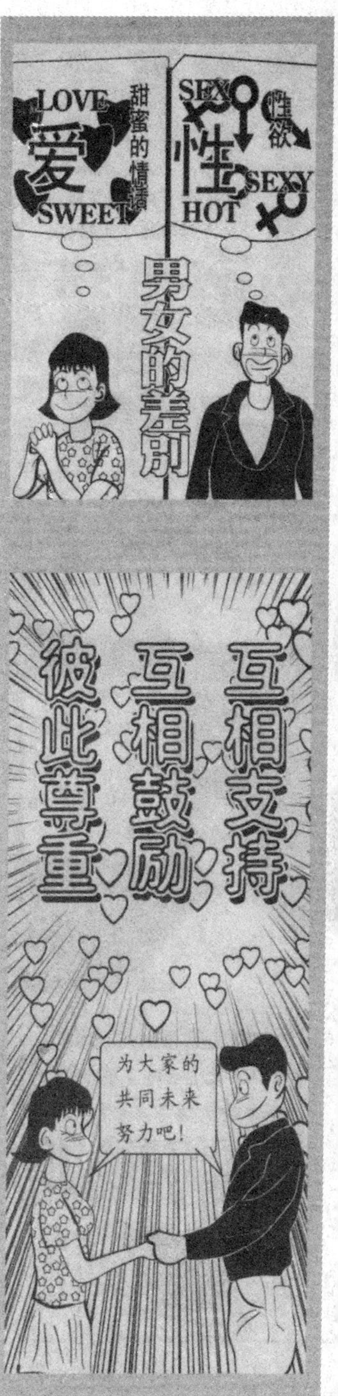

如果一个男人不只爱你的肉体,也爱你的思想、灵魂、人格……那么他对你的爱就很深。在这种前提下，你拒绝和他在婚前发生性关系，他的内心深处会很赞同的,并会对你十分敬重。

假如一个男人,非常强烈地想和你发生性关系,你拒绝了他,他就生气了,和你疏远了,对你冷漠了……那么其实他并不是真心爱你。所谓真心爱你,就是既爱你的肉体,也爱你的思想、灵魂、人格……

一个只爱你的肉体的人，就是在最肤浅的层次上爱你,他对你的爱,就没有动心,而只是动了性欲望。既然这样,你们的关系就相当不稳定、相当危险,你就更应该拒绝他了。即使失去他,也不该有遗憾!

两个人相爱，一个最有益于彼此关系和未来发展的做法是彼此支持和鼓励对方把主要精力用于学业和事业上，彼此也要不断协助和推动对方提升人格层次和生命层次。

女人提早交出第一次的原因背后可能潜伏着以下一些危机：

为了向对方表达自己的真诚——用这种方式表达真诚很危险，也表明自己的不自信；

盲目顺从——表明自己在这种关系中已经失去了自我，完全处在了被动从属的位置；

怕对方生气——表明已经失去了彼此关系真正的掌控权利，缺乏主见，处境很危险，彼此关系很脆弱，对方对自己爱得不深；

自己感情的冲动——表明自己对情绪的掌控能力还要加强，否则将会发生很多冒失的行为，会招惹麻烦；

渴望向对方展示自己身体的魅力，想用肉体的魅力更深地吸引对方对自己的重视和爱——这表明你的爱和你的魅力都处在较低的层次里(请看书后附录)。

一旦第一次在不情愿的情况下被人抢走了应该怎么办？

一旦第一次在不情愿的情况下被人抢走了，其实也没必要自己折磨自己，只要你能用如下的方法去面对，就会柳暗花明又一村：

第一，对未来将要和你结婚的人提前做一些必要的说明，如果他能理解你，仍然不愿意失去你，就表明他对你是深层的真爱。

假如他为此而耿耿于怀，斤斤计较，说明他有局限性、狭隘性，并且缺乏自信，这要看他是否能够超越自己这些脆弱的束缚，如果他超越不了，说明他人格层次也不高，那么应该选择撤退的也许不是他，而是你。

你要对自己充满自信，总会有一些潇洒的大男人，更看重的是你这个人，而不是你是不是已经发生过了第一次。

再说了，对方是不是也发生了第一次，他不说，我们也无法检验；假如对方就因为你已经有过了第一次，而选择跟你分手，那么他的走，对你未来的人生而言只能是好事儿，因为你跟这样的人即使结了婚，你也慢慢会发现他人格中的更多问题，与其长痛，不如短痛。

第二，你被别人抢走了第一次，你的确已经失去了作为未婚女人的一点儿优势，那么你就应该用你在其他方面的成就和魅力来弥补这种缺憾。

也就是说，你应该比别人更努力，力争创造和实现自身更大的价值和成就，你的人格层次越高，人生成就越大，你的自身魅力也就越大。

甚至可以说，当你所拥有的人生成就和人格层次已经到达很高层次的时候，爱你的人根本不会在意你

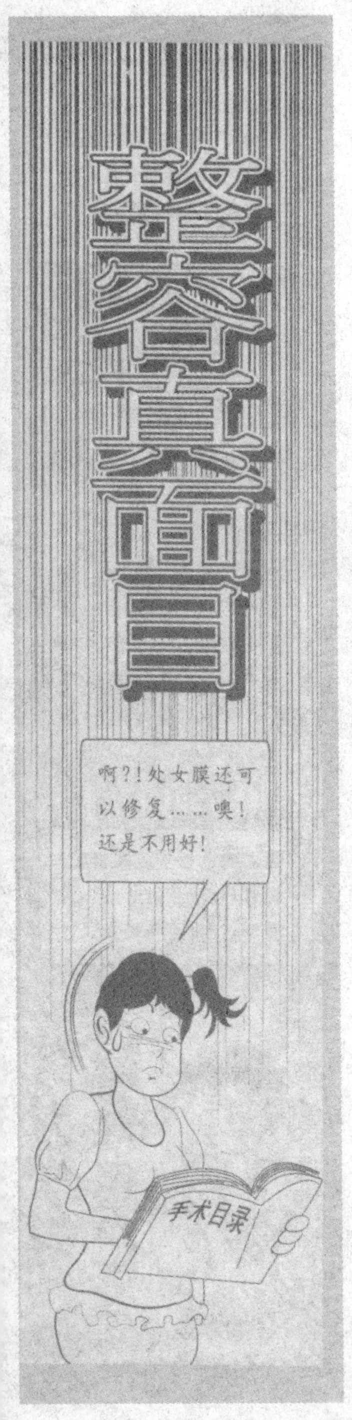

是不是处女了,因为那已经变得微不足道了。

也就是说,你若已经具备了更高层次的魅力,懂得在更高层次上爱你的人，根本就不会再计较较低层次上的事情，是不是处女——这的确是在较低层次里的人,和处在较低层次里的爱才会斤斤计较、很难放下的顾忌。

因此,凡是在被迫或冲动中献出了处女身的朋友,现在唯一值得做的事情就是更努力地提升自己的人格层次和人生成就,后悔、怨恨那些情绪都等于是在自我折磨自己,毫无用处和意义,并且那会让自己的魅力越来越低。

第三，如果十分必要，还可以做修复处女膜的手术。当然,任何手术都会有一些负面作用,所以这一招应该尽量避免使用。

恋爱须知:处女、处男的深层意义

每个人的肉体都是独特的,也是隐蔽的,又是天生的,不可改变的……因而每个人潜意识里都渴望自己的肉体能够被爱恋着的对方喜欢,并能成为对方性爱的唯一。其实无论男人还是女人都希望伴侣在对异性肉身方面的认知是单纯的、浅白的、缺乏经验的……换句话说,都希望对方是处男,或是处女。因为唯有处男和处女才会认为对方的肉体就是异性肉体的标准,从而无可挑剔地珍爱那一切。

可是假如对方已经不是处男或处女了,那么自然就会产生一种顾虑,顾虑在比较中自己隐秘着的地方能不能占优势了,这种顾虑总会不知不觉地冒出来,继而就会引发情绪和情感的一些变化,两个人之间的关系也就好像变得不那么单纯了。

因而与其说非常在意对方是不是处男或处女,倒不如说其实非常在意的是自己的隐秘地方是不是能被对方看成是最好的。

尤其男人更在意女方是不是处女,这其中的原因在于,男人比女人在这方面更缺乏自信。这可能也是因为,女人的性器官表面上看起来差异并不很大,而男人的性器官表面上看起来差异却比较大。

假如双方都已经不是处男或处女了，那么双方的心理都会拥有那种顾虑。当然这种顾虑随着双方感情的加深，慢慢会消失。

可是这种顾虑也可能成为阻碍双方感情深入的要素。

因而千万不要轻易交出自己的第一次。人类应该提倡和自己最爱的人结婚，然后把自己的第一次献给自己最爱的人。从而让彼此的关系变得更单纯、更透明、更牢不可破。

不过话又说回来，毕竟有些人是在无可奈何的情况下糟蹋了第一次，他们很遗憾自己的第一次没有献给自己最爱的人，那么爱上这些已经不是处男或处女的人，就应该调整自己的心态，增强自己的自信，只要两个人的感情好，其他问题就都没有意义了。

两个人若能在更高、更深的层次上相爱，较低层次的问题都会被淡化的。

有同性恋倾向应该怎么办

坦白告诉你——我有同性恋的倾向。我喜欢关注和欣赏同性中比较优秀的同学，甚至常常幻想抱住他们、与他们更亲密接触的一些感觉……而面对异性，哪怕对方很优秀，我也不会有什么很特别想法和感觉。

这种倾向曾经让我很困扰，甚至无心学习，后来在"快乐成长指导老师"的指导下，我的心态、心理、学习、人生都发生了很大的变化。

也许有些朋友正在为同性恋的情绪困扰着，那么我就把自己变化的经历和方法分享给你，但愿这些方法也适合你。

在"快乐成长指导老师"的指导下，我主要从3个方面入手，调整自己的状态。

第一，调整观念和信念，接纳自己

首先面对自己的性倾向，我用科学的态度接纳了自己，不再像过去那样，责怪自己、怀疑自己、否定自己了；而是理解自己、研究自己、超越自己！

我基本搞清楚了，我的性倾向与先天因素有关，也与小时候妈妈总是喜欢把我打扮成女孩有关。并且古今中外有很多同性恋的人，他们的数量在全世界差不多占成年人口的3%左右。包括柏拉图、达·芬奇等一些伟人也是同性恋者。只是很多人把自己的性倾向深深埋藏着，不敢暴露而已。

我虽然接纳了自己的性倾向，但我并不想放纵自己。我坚定以下信念：

●我坚信不管是同性恋也好，还是异性恋也好，人这一生总要产生和经验一些性欲望、性行为、性感受……但是千万不能沉迷于那种欲望、行为和感受里。

●我坚信人类文明的过程就是更能够掌控自己的过程，也是更能够挖掘自己潜能的过程，也是由小我(请看书后附录)变成大我(请看书后附录注解)的过程。

●我坚信性欲望、性能量是可以转化和升华的。

基于以上的信念，我决定挑战自己——我要努力转化和升华我的性念头、性欲望、性能量。

我要树立远大的理想和目标，并不断挖掘自身的更多潜能去实现那些理想和目标，不断突破小我的局限，努力接近大我。我要用主要精力和时间去想去做那些会让自己变得更优秀、更有成就感的事情，而不再去纠缠和苦想自己怎么会有同性恋的倾向。

管他什么倾向呢，这些我都不会在意了。甚至我觉得我是同性恋还是异性恋，就好像我是男的还是女的，一样同属于无所谓的自然状况。

而我十分在意的却是如何创建多一些的招法克制和转化性能量；如何更有效地去实现我的一些近期理想和目标；如何挖掘自身的更大潜能从而成为更优秀、更卓越的人。

异性恋的人可以成为伟人，同性恋的人也可以成为伟人。能不能成为伟人，不在于你是男的还是女的，也不在于你是同性恋还是异性恋，而关键在于你是把主要精力和时间放在去实现那些理想和目标上，还是放在整天沉迷于性的事情里。

第二，转化性能量

所谓转化性能量，就是在性欲望、性冲动、性激素分泌强烈的时候，通过一些方法使得这种欲望、冲动和性激素分泌有效地得到转化。

我采用的转化性能量的方法是这样的：

我会对自己说：我了解你的感受，现在请你闭上眼睛想象有四个人他们此时此刻的感受和你是一样的，你们5个人站成了一排，一场检验成功素质的竞赛就要开始了。你们眼前的评委都是非凡之人。

这场竞赛的冠军将会得到一种特别嘉奖——一道来自宇宙的神奇之光将照耀在他的身上，于是他将事业亨通，所有正面的理想和愿望都可以实现。

你在5个人中十分想成为冠军的。今天比赛的项目是——高抬腿原地跑步，有一种仪器将监控你们体内性能量的变化，在跑步的过程中，谁体内的性能量转化得越快、越彻底，谁就成了赢家。

当我想到这里的时候，我就会真的开始高抬腿原地跑步，同时在心里想着那些高远的志向和目标，并想象着我成了冠军，好运普照着我！那种感觉真的好极了。

每一次转化性能量的时候，我采用的比赛项目不一样，比赛的项目是可以根据自己的具体情况创意的。但我要让自己每一次都成为赢家、成为冠军。我知道各行各业的冠军都是意志力非常强的人，因为我也想成为冠军，所以我也要培养自己十分坚强的意志力。

奇怪的是，当我一次又一次战胜了别人，也战胜了自己成为冠军以后，现实生活中的我真的运气很好了。目前我的学习成绩已经在班里名列前茅，老师和同学们都对我刮目相看，我父母也特高兴，这种感觉真的是太棒。我为我自己感到骄傲。

第三，避免引发骚动的性情绪

所谓避免引发骚动的性情绪，就是在性欲望、性冲动、性激素分泌还没有明显发生的时候，为了避免那种发生，应该采取的措施。

温馨提示：

所谓骚动的性情绪，就是因为受到内在或外在的某种刺激，身体产生性需求状态，并因此引发的心理状态和情绪。

避免引发骚动的性情绪方面，我采用的方法是这样的：

每天都做好时间计划，从而使自己的注意力始终

在自己的计划和目标上，也让自己感到每时每刻都很充实。

经常在心里默念这句话：我是冠军，我有坚强的意志力，每时每刻好运都在普照我，我很幸运，我要成为为社会和人类承担更多更大责任和使命的男子汉，我的愿望一定会实现的。努力，每时每刻都要努力！加油！加油!! 加油!!!

各位同学，你们千万不要以为我是在说一些冠冕堂皇的大话，其实我过去也不敢讲这些大话，也没有什么理想。可是我在尝试调整自己的骚动的性情绪的过程中发现，除非一个人敢于有高远的理想和志向，否则很难逃脱性的诱惑。的确性带给我们的感觉、谈恋爱的感觉都太过瘾了、太美妙了，但问题是假如我们过早沉迷在那里面，前途就废了，并且还可能陷入很多陷阱和麻烦。

既然我们还想对自己的前途负责任，既然我们不想陷入烦恼，既然我们不想背负早恋的种种危害，既然我们渴望未来幸福，那么唯有让我们的内在充满崇高的理想和志向才能顽强抵抗那些性的诱惑，也才能避免引发骚动的性情绪。

在治理骚动的性情绪的过程中，我的最大收获是找到了人生的意义和价值。其实我们来到这个世上就是为了活得更精彩、更有品位、更快乐、更幸福，只有不断提高自己的生命层次和人格层次 (请看书后附录)才能实现那种真正的精彩,体会到那种较高境界的品位,感受到那种较高层次的快乐和幸福。假如我们只满足于较低层次的快乐和刺激，那么我们就没有办法经验到那些更高层次的快乐和刺激了。

所以我现在谦虚、诚恳地告诉你,树立远大的理想和目标,不断提高自己的生命层次(请看书后附录注解)是非常快乐、有趣的事儿。赶快行动吧! 不然你可真要落伍了!!!

在我看来，避免引发骚动的性情绪比转化性冲动还重要,因为预防某一种不利的发生,比处理解决那个发生要容易得多。

目前，环境给予我们的刺激和诱惑太多了，网络上、电视里、各种录像、书刊……我们的好奇心又很强，我们的爱情观、人生观和世界观都还未成熟,我们很感性、缺乏理性,我们也缺乏挫折和教训,我们比较自以为是,我们内在很脆弱,我们也很虚荣,我们需要被认同、被欣赏、被爱……

于是我们很容易产生盲目的冲动，并为自己的行为找出种种理由和借口。其实我们很需要成年人的一些经验分享,需要科学、理性地认识性,需要掌握避免引发骚动的性情绪的有效方法。

转化性能量，并不等于压抑性能量。压抑性能量的结果是已经产生的性能量没有得到发泄，于是骚动的性情绪、性冲动、性欲望还想千方百计地引发性行为，否则便难以忍受和平静。

转化性能量的结果是已经产生的性能量转化为了其他能量得到发泄了，注意力和兴趣都已经由性方面转移到其他方面了，内在的激情已经不是性方面的激情了。

也许有朋友想知道，我将来究竟会选择同性对象还是异性对象，是选择同性结婚，还是异性结婚。

那么我的答案是，我已经把实现伟大的理想和目标当成是最最重要的事情了。目前社会追求个人享受、盘算小家庭、孩子、房子、车……的思想已经成了主流，这不利于社会的安定和发展，真的应该多涌现一些人去想社会的问题、人类的问题，为更广泛的民众谋福利，我已经下定决心要成为那种高尚的人。

我也许会选择不结婚，也许这是对自己，也是对他人最负责任的选择，也许单身会更有益于我的事业。但这些都不能是定数，到时随缘吧。

我认为决定人生成就和幸福的不在于你是同性恋还是异性恋。性在人生中，并不是重要的，若把性看得十分重要，可能就不会有什么大出息了。

恋爱须知：应该找什么样的人结婚对自己才更有利

人生的目的就是不断提升需求层次、人格层次、生命层次，最终达成“自我实现”和“真我实现”。因而可以说，我们人生所做的一切事情和一切努力，都应该是为了达成人生的终极目的。

爱情和婚姻的目的也应该是配合达成人生的终极目的。所以选择对象的时候，就要选择能够和自己的心灵产生共鸣的人，也能够和自己同步成长的人，从而有益于彼此互相理解、鼓励、支持、促进各自生命层次的提升。

只有两个人共同成长和进步，彼此才能保持相像和默契，才能爱得更深、更幸福。

彼此志同道合，心灵就会很贴近；彼此心灵越近，感情就会越亲密。

爱情和婚姻中的冲突、裂痕差不多都是因为双方

价值取向、人生观、思维方式、处世方法、生命层次、心态等诸多方面的不同引发的。

爱恋着的双方，当两个身体相拥的时候，获得的是低层次的生物场能量；当两个心灵相拥的时候，获得的是高层次的心灵场能量。

选择内心世界像自己的人做伴侣，就会体验到深层、亲密的爱。

选择能够和自己同步成长的人做伴侣，就会体验到丰富、持久的爱。

默契的情侣、夫妻，不但能够用语言沟通，而且还能用眼神沟通，用心灵沟通……如此这样爱自然就会越来越深。

结婚或嫁或娶的不是一个人，而是一种新的生活方式。因而在选择伴侣的时候，不但要考虑爱不爱这个人，而且要考虑自己现在和未来是否能够适合和对方在一起可能引发的一些生活方式的变化；还要考虑那种新的生活方式是否有利于自己生命层次的不断提升。

很多人常犯的错误：太在意某一个人对自己的态

度了，甚至为了征服这个人，不惜在更多人的心目中失去自己的尊严和威信。

其实要想知道别人会不会爱你，不用问别人，就问你自己答案才更准确。

问自己什么呢?你问自己爱不爱你自己。如果你对自己挺满意的，对自己的评价挺高的，那么，就一定有人会爱你。

自我的价值感越高，你的魅力就越大，你就一定会被爱着。假如你自己都觉得自己的问题很多，表现不好，你对自己不自信，那么，别人可能就不会真心爱你。

要想知道某人是不是爱你，没必要直接去问她，因为她给你的答案，未必是真实的想法和感受，况且即使是她的真实感受，也未必是对你公平、客观的评价。

你的魅力，要让你自我的感觉去评价，而不要依赖某一个人的评价，因为他对你的评价也许只能说明了你们的缘分，却不能说明你的客观、真实的价值和魅力。

要想让别人真心爱你，就要努力提升自己，只要自己感觉自己变得更好、更酷了，你在意的人，才能真正地在意你。

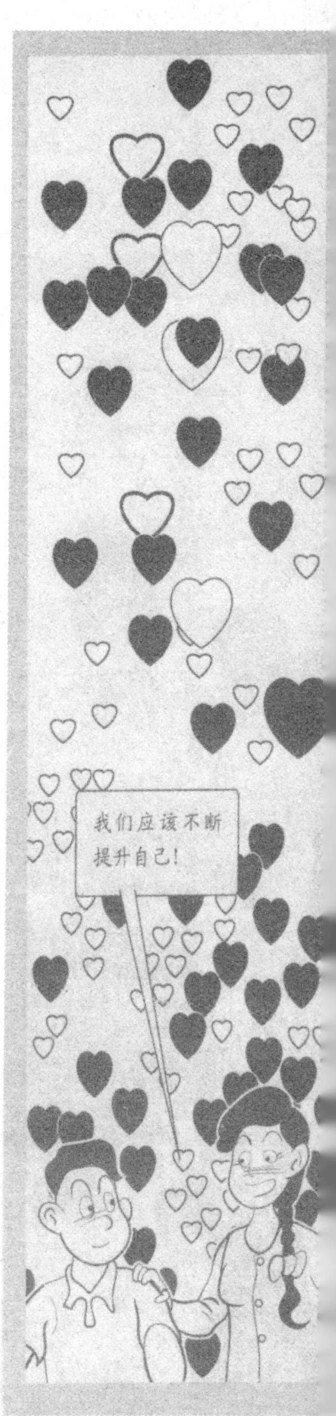

怎样才能让自己健康、自如地与异性交往

我是高二的学生，以前我性格内向，每次与女同学说话都会感觉紧张、脸红、很不自然。不过现在好了，我比以前变得潇洒多了，我完全可以和他们自如交往了。

说起我的变化，还要感谢“快乐成长指导老师”对我的帮助。

下面我就把老师指导我的一些方法与你分享。

“快乐成长指导老师”帮我找出了不善与人交往可能存在的以下原因：

1.天生性格比较内向、含蓄。

2.小时候缺乏与其他小朋友互动的经验。

3. 小时候有过被别人拒绝或被别人欺负的恐惧、委屈经验。

4.青春时期性意识萌芽，对异性产生了特别的感觉，并可能会在心里产生一些情爱事情的幻想，非常渴望与异性交往，但又害怕对方瞧不起自己或拒绝自己，就会出现紧张、焦虑、恐惧等心理状态。其实这是每个青春期的朋友都要经历的心理历程，只是性格开朗的人，很快就能打破这种僵局和界限，而那些本来性格就比较内向的人，就可能出现与异性交往的障碍。

5.害怕被怀疑是早恋，所以刻意和异性保持距离，不敢与他们交往。想要成为老师和父母心目中的好孩子。因为在一些老师、家长的眼里，只要男女同学交往，就是“早恋”，于是就一直和异性同学保持距离，不敢和他们交往。有时也很想和异性同学接近，但怕被人误解，所以一直压抑着自己与异性同学交往的渴望。

“快乐成长指导老师”告诉我，无论我恐惧和异性交往的原因是什么，都可以运用“编、导、演——电视剧法”和“复制优秀法”得到有效改善。

的确，我就是用了这两种方法，达到了与异性交往放松、自然自在、也很潇洒的状态，我目前在异性中的威信还挺高呢，这种感觉真爽！

一会儿，我分别告诉你如何具体运用这两种方法。现在你需要清楚的是，越是拥有一些为人处世原则的人，越善于驾驭这两种方法。

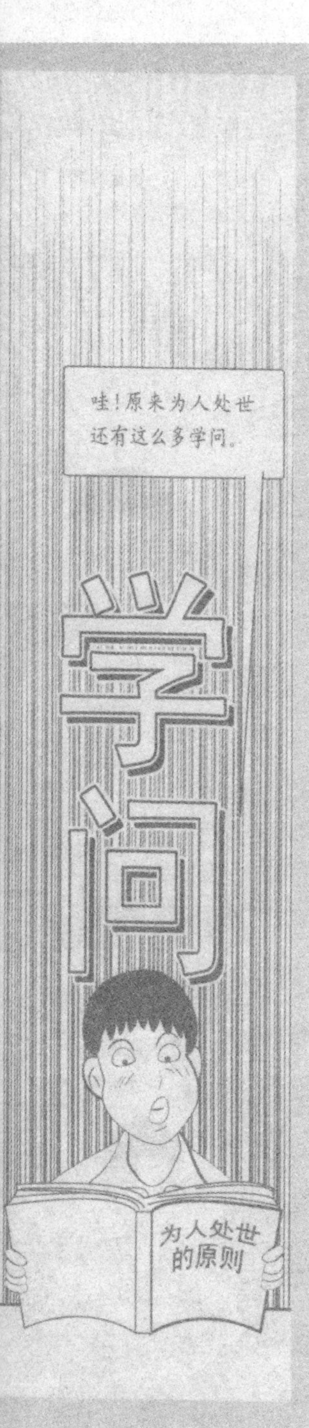

因而你要先学习和掌握以下为人处世原则：

●要善于站在别人的角度考虑问题。

●要善于倾听和揣摩别人当下的目的、情绪和需要。

●获得能量就快乐，失去能量就痛苦，每个人都愿意和能够给自己能量的人交朋友。

●最受欢迎的人就是善于理解别人，善于关心和帮助别人的人。

●最令人讨厌的人，就是不能理解别人、不能为别人着想、只索取不付出的人。

●有关心才有关系。

●每个人都渴望别人先来和自己打招呼，先来关心和帮助自己，因此总是被动等待的人，就会被冷落和孤立，只有那些主动先去和别人打招呼，先去关心和帮助别人的人，才会成为核心人物。

●要想让别人理解你，首先你要理解别人。

●要想让别人尊重你，首先你要尊重别人。

●要想让别人欣赏你，首先你要欣赏别人。

●要想让别人给你能量，首先你要给予别人能量。

●物质能量，你越给予，你所拥有的就会越少；精神能量，你越给予，你所拥有的就会越多。

●物质能量的给予常常会让我们力不从心、爱莫能助；但精神能量的给予每个人都能够做得到。

●接纳、理解、尊重、信任、重视、欣赏、鼓励、赞美、包容、公正、自信、慈悲……这些都是能够给予别人的精神能量。

●越正直的人，越会受到广泛的尊重和爱戴。

●早恋的同学，容易与其他同学产生隔阂，也容易被其他同学孤立。

●一个人身上的正气越足，魅力就越大。

●最靠得住的朋友——是心灵、思想的朋友。

●最经不起考验的朋友——是物质利益的朋友。

●真心愿意和支持你变得更好的朋友才是真心朋友。

●担心、嫉妒你变得更好的朋友，最好敬而远之。

●要想知道你在朋友心目中的位置、价值，就要搞清对方是在哪个层次(请看书后附录注解)上需要你。

●和快乐的人在一起，自己也会变得快乐。

●和欣赏自己的人在一起，自己就会变得更自信、更有力量。

●和理解自己的人在一起，自己就会感觉思想畅通、心情特好。

●和比自己强的人在一起，自己就会提高得更快。

●和志同道合的人在一起，更有利于达成自己的目标。

●人与人之间交往都是有目的的，应该始终坚持的目的就是通过健康有益的交往，不断推动自己在各方面的进步、成长和提高。

所谓"编、导、演——电视剧法"就是：

想象每天生活就好像一集一集的电视剧，在这个电视剧中自己扮演的是一个重要角色——他很潇洒，也能够很幽默地、很适度地、很君子地与男女同学交往。

想象别人都很羡慕这个角色，自己也很庆幸能扮演这个主角，想象自己发誓决心一定要演好这个角色。

然后接下来的每一天每时每刻都要想象自己是在演戏，要在生活的每一个细节中把那个形象演得更好、更像。

自己既是编剧，又是导演和演员。这样的想法就会让自己每一天好像真的在演戏一样，并很注意自己的一言一行，自己完全已经进入了角色，而且角色中的自己总能够按角色的要求很自如、很潇洒地与异性打招呼、与异性探讨问题、与异性侃大山、与异性去爬山……

就这样真实中的自己和想象中的角色慢慢就会变得重合了。

所谓"复制优秀法"就是：

确定你所欣赏和羡慕的人，然后在脑子里让自己模仿他的种种表现。

比如我想用“复制优秀法”模仿我们班班长与异性说话时的那种坦然、自在、自信的样子。

那么首先我要闭上眼睛，然后让我的右眼前方出现班长与异性同学自如交流的样子，我很欣赏地看着、听着、感觉着班长的一言一行，并且我用直觉吸纳班长身上散发的魅力、智慧、能量……接着我让左眼前方出现我也在与异性同学交往的场面，我要努力让我的表现和气质都酷像班长。

当我对自己的表现感觉很满意的时候，就让左眼前的画面迅速放大，同时感觉右眼前的画面缩得很小很小甚至就像一个点，并且出现在你放大画面的右下角。

然后你好好欣赏、感受大画面上你的精彩表现，这时右下角的那一点起到了给你输送智慧和力量源泉的作用。

当你对自己的心态、心理、表情、言行都感觉很满意的时候，就等于完成了一次复制。

复制的过程中，最好让模仿者出现在左眼前，被模仿者出现在右眼前，因为往往眼前左边的图像要比右边的图像对右脑的影响力更大。这种方式模仿、复制的记录就保存在右脑里。

不晓得你是否清楚了，你要想拥有你所羡慕的人的某些表现，那么你就先在脑海里面复制他的那些表现，这样你的脑海里就会出现和他相同的一些讯号，于是你就会得到和他相同的一些感受、想法和行为。

不断使用“复制优秀法”模仿卓越人的一些特殊素质，你就会越来越清楚自己过去的一些限制性思维和行为，不断突破瓶颈，长此下去你就会越来越具备卓越人所拥有的品质，你就会越来越像那些卓越的人。好爽呀!!!!!!

“编、导、演——电视剧法”和“复制优秀法”改变了我拘谨的性格，让我充满了自信，像个潇洒的男子汉了。

我不赞成早恋，但我渴望健康地、自如地和异性同学交流、交往。

各位同学我要和你说的就这些了，祝愿你们开心、快乐!!!

恋爱须知:与异性交往的正确心态

和异性同学健康、自如交往应该拥有以下决心和信念:

●决心在上大学之前不谈恋爱;

●如果接到某人求爱的信息,立即使用“提前预约法”(请参看本书22页);

●如遇让自己很动心的人,也使用“提前预约法”;

●树立高远、高尚的理想和目标;

●在和男女同学交流、交往的过程中,善于选择很文化的、很哲学的、很科普的、很高雅的、很有品位的、很知识化的、对成长和进步很有好处的一些话题;

●坚信淡化性冲动、性意识、性幻想……才更有利于维护自己的高大形象,有利于搞好同学关系;

●坚信满脑子都是性幻想的人, 别人就会感觉到

他的场很负面，就会觉得他很不正经，甚至感觉他很危险，于是就可能会疏远他……

●坚信同学感情越单纯、越纯净，越有益于营造活泼、快乐、和谐、朝气蓬勃的青春氛围；

●坚信自己一定能够掌握好与异性交往的度，不让自己陷进去，也决不有意撩拨别人的情欲；

●坚信污浊的、没有前途和归宿的放荡情欲，只会给自己增加很多麻烦，糟蹋自己的心情，浪费自己的时间，影响自己的学业和前途；

●坚信自己是非常有意志力、非常理性、非常有智慧的人，一定能够控制好自己的情绪；

●坚信未来更有成就的人，都是更有克制力的人；

●坚信越有克制力的人，才越有魅力；

●坚信充满淫欲念头的人，会有损自己的形象；

●坚信造物主一定会给那些善于控制自己性欲望的人，提供一些更好的机会和运气。

面对黄色污染应该怎么办

我今年15岁，我们班有个同学因为学习不太好，经常带我去他们家上网，有时我们上网玩游戏，有时我们也上网看色情网站。那个同学的父母因为工作忙经常不在家，他的奶奶又是个文盲，不知道我们在干啥，于是到他们家可以痛痛快快地上网，慢慢地已经变成了我的一种瘾，我们还一起偷看过他家的一些黄色光盘和黄色画报、书刊……我承认这些对我都是挺有吸引力的，可是我也不得不承认这些黄色的污染和诱惑，把我搞得神志不清、萎靡不振，并染上了手淫等不好的习惯。

我的学习成绩开始直线下降，老师和父母都开始训斥我了。其实他们并不知道我成绩下滑的真正原因，我也无法向他们启齿，幸亏我终于见到了一个“快乐成长指导老师”，她很理解我，并且给我提供了抗拒黄色污染的一些具体方法，在那些方法的帮助下，我终于逃出了黄色旋涡，现在又充满了青春朝气，我的学习成绩也重新闯进了班级前5名，阳光下的青春真好！远离黄色污染真好!! 有远大理想和志向的青春真好!!! 有成就感的青春真好!!!!

如果你也遭遇了某种黄色的诱惑，那么就快用以下我用过的这些招法吧!

招法一:覆盖法

闭上眼睛，让黄色的那些画面出现在你右眼的前面；让伟大的人或你非常佩服的人的画面出现在你左眼的前面。然后想象你左眼前面伟人或你非常佩服的人的画面迅速放大并覆盖了右眼前面那些黄色的画面。

然后让你眼前的伟人或你所佩服的人的画面尽量变得更清晰。你欣赏、感受着他们身上的智慧、力量、成就、意志力和高尚品德……如此这样，当下在你的脑海中或你的心里那些伟人、你所佩服的人的画面就会比那些黄色的照片变得对你更有影响力，于是当下你的思想和行为就会被这种影响力所支配。这也便是覆盖我们所要达成的目的。

当你感觉自己已经接收到了那些伟人或你所佩服的人散发出的智慧和力量的时候，你便可以睁开眼睛了。

温馨提示:

脑海中想象的画面的变化，可以真正有效地改变脑海中脑神经链的变化，即我们潜意识里思考模式和行为模式的变化。想想画面的变化已经被广泛用于调整人们心理和行为的领域，若想更具体、深入地了解其中的原理，可参看作者的另外一本书《24小时改变你的一生》。

招法二：比较选择法

闭上眼睛想象你的右眼前面云集着很多情欲放荡的人，他们中有妓女，也有嫖客，也有其他各种各样被强烈的性欲所控制的人……他们都意志脆弱、失去理智、兽欲大发、浑浑噩噩、萎靡不振的样子……

再想象左眼前面云集着那些伟人、你所佩服的人，他们意气风发、志向高远、神采奕奕、意志坚强、坐怀不乱……他们活得很充实、很有品位、很有成就感……

然后寻找你自己出现在哪边了？如果自己已经在左眼前和那些伟人、你所佩服的人在一起了，你就进一步想象你在和那些优秀的人握手或交谈的情景，并且还听到了他们对你的赞美和鼓励。

如果你发现自己出现在右眼前的淫荡队伍中，那么你就要立即让自己面向左边优秀的人，并在心里说："优秀的人之所以优秀是因为他们比别人更有克制力！成功的人之所以会成功是因为他们比别人更努力！伟大的人之所以伟大是因为他们不甘混于普通!!!"然后让自己握紧双拳，迈着坚定的步伐从右边淫荡的队伍

走到左边优秀人的队伍，并想象那些优秀的人正在热烈地鼓掌欢迎你，有的上前跟你握手，有的向你竖起了大拇指，你很激动、开心的样子。

温馨提示：

你能在想象中实现你从画面的一边走到了另一边，就等于你已经在心理上实现了从一种欲望和感受过渡到了另外一种欲望和感受。脑海中画面的变化会引发脑神经链或者说思维模式和行为模式的变化，于是真实的感受、想法和行为就会真的发生变化。

变化的连锁反应式是这样的：

脑海中的画面+脑神经链(思考模式、行为模式)—感受—观念—行为—习惯。

要想改变某一种习惯，就要改变形成这种习惯的某一种行为；

要想改变某一种行为，就要改变导致这种行为的观念；

要想改变某一种观念，就要改变引发这种观念的感受；

要想改变某一种感受，就要改变引发这种感受的脑神经链；

要想改变某一个脑神经链，就要改变与之相对应的脑海中的画面。

这也就是说，最源头的问题是脑神经链的问题；最有效的改变是脑海中的画面的改变。每个当下人的想法和行为都受控于脑海中当下最活跃的脑神经链的影响，当下脑海中那一种画面最清晰、强烈，与之对应的脑神经链就最活跃。

温馨提示：

人在迷惘、困扰着的时候，是因为他已经陷入了偏激的情绪里，改变偏激情绪最有效的方法就是比较选择法，多一种选择的时候，人的思路就会拓宽了，进而会看到、听到、感觉到更多的可能性，从而跳出偏见，冲出局限，锁定正确的目标，提升人格层次，改善局面和现状。

招法三：快速改善体内生化反应法

我们的大脑和身体，每时每刻都会引发不同的生化反应，即分泌不同的荷尔蒙，荷尔蒙的变化随着注意力、想法和行为的变化而变化。人体的生化反应已经被认识的大约有两千多种，如果我们把这些生化反应按照对人的身心影响进行分类，那么我们体内的荷尔蒙就可以分为以下五大类：

红色热燥荷尔蒙——此种荷尔蒙能够给人带来快感和兴奋，但是当快感和兴奋告一段落的时候，身体和心理都会产生某种程度的损伤。这是因为红色热燥荷尔蒙在让你产生兴奋和快感的同时，也会让你的身体产生一种热烈、膨胀的感觉，在这种荷尔蒙的作用下，大脑、身体和心理，都会受到某种程度的冲击。

这种冲击具有破坏性。性欲所引发的荷尔蒙就属于这种荷尔蒙。因为红色热燥荷尔蒙，开始的时候会给人带来一些快乐、满足，所以这种荷尔蒙也叫“先益后损荷尔蒙”。

黄色惰性荷尔蒙——这种荷尔蒙容易让人变得懒惰，不求进取，得过且过，妨碍身体健康，阻碍心灵成长。

这种荷尔蒙之所以会妨碍身体健康，是因为这种荷尔蒙容易让人贪吃贪睡，影响血液循环，从而导致身体虚弱；这种荷尔蒙之所以会阻碍心灵成长，是因为这种荷尔蒙，让人不求进取，从而心灵无法得到成长。

黑色毒性荷尔蒙——这种荷尔蒙对人的身体和心理都会造成伤害，当人拥有烦恼、嫉妒、憎恨、紧张、恐惧、烦躁、绝望等一些消极负面情绪的时候，就会分泌这种荷尔蒙。

绿色成长荷尔蒙——这种荷尔蒙基本上对人有益无害，但却也要把握好度，过度的劳累或过度的激进也会产生一些危害。当人内心燃烧着伟大理想，并为理想而努力的时候，就会分泌这种荷尔蒙，这种荷尔蒙使人充满激情和斗志，如果把握好了度，就会既有益于身体健康，也有益于心灵成长。

白色滋养荷尔蒙——这种荷尔蒙让人心态平和，情绪稳定、充满智慧、思维缜密、自然自在、稳步发展……如果说绿色成长荷尔蒙有点儿像年轻人的激情，那么白色滋养荷尔蒙就有点儿像不惑之年的情感和智慧。

当我们处在情欲烈火烧身的时候，我们应该做的就是让红色热燥荷尔蒙立即转化成绿色成长荷尔蒙。简便、有效的方法有3个：

1. 高抬腿原地跑步法——一边高抬腿原地跑步，一边在心里默念类似这样一些话："要想成就大事儿，必须学会克制自己。我要奋发向上！我要精力充沛!! 我一定要实现我的远大理想和目标!!! "

2.拍手，搓膝盖法——盘腿坐着或端正坐在椅子上，不断拍手，拍累时就用双手搓膝盖，然后拍手，拍累了再搓膝盖……如此这样不断重复，同时心里默念类

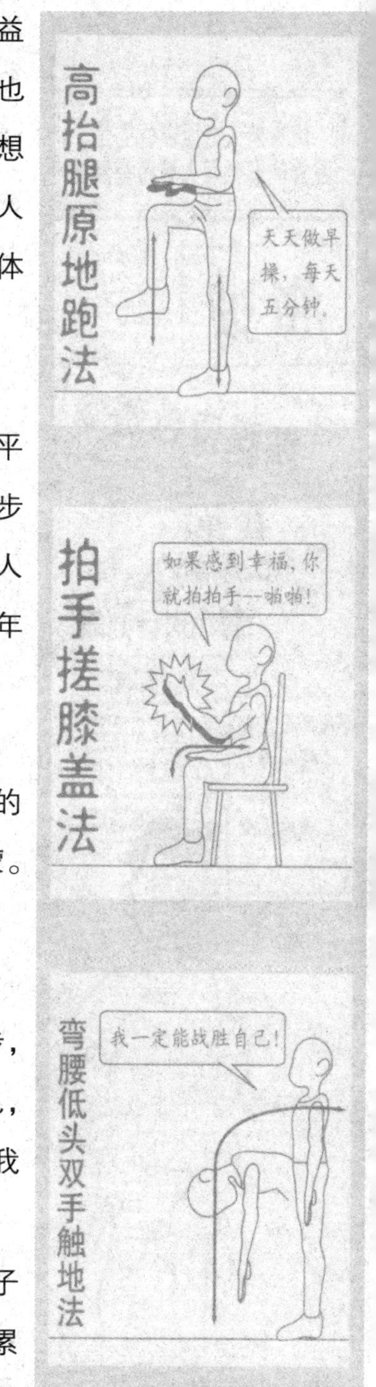

似这样的话："我战胜红色欲望了，我是好样的！我征服红色情绪了，我有远大的理想和前程！！我改变红色热燥荷尔蒙了，我很优秀！!!"直到感觉情绪和想法已经发生变化，即红色热燥荷尔蒙转化为绿色成长荷尔蒙了，并且想要开始做正事儿了就可以停止了。

3. 弯腰，低头，用双手触地法——弯腰、低头、用双手触地，同时在心里说："我绝不能妥协，我不想做懦夫，我要抬起头来做坚强的人！我绝不能放任自流，我不想放纵自己，我要抬起头来成为精力充沛、志向远大、成绩优秀的人!!！"如此这样，当感觉自己红色情绪已经发生变化，真的能够直起腰、抬起头，开始做正事儿的时候，就开始行动吧!!!

招法四：嘉奖自己，并按计划行动

写一个赞赏自己意志力的字条，并把它贴在一个很明显的地方；然后，立即制定接下来一个小时或几个小时的计划，同样要把这个计划贴在较明显的地方，并立即执行这个计划。

我就是灵活运用了以上那些方法成功地摆脱了黄色诱惑，别忘了：优秀的人之所以优秀是因为他们比别人更有克制力！成功的人之所以会成功是因为他们比别人更努力！！伟大的人之所以伟大是因为他们不甘混于普通!!！祝你成功、快乐！！！！

恋爱须知:警惕性病

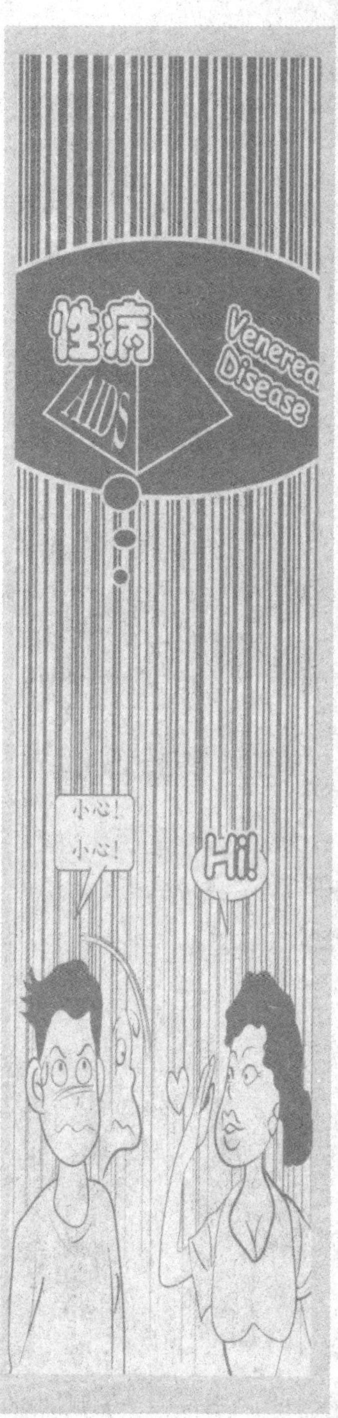

众所周知，在我们国家艾滋病和其他各种性病的发病率每年都呈现大幅度上升趋势，得了性病的人都很后悔自己冒失、不检点的行为，醒悟到了原来得病是那么容易。但是健康着的人却不会像他们那样觉醒，可能很容易会因为冲动和疏忽成为新的感染者。

是的，人在很多事情上，只有经受了沉重的打击以后，才能开悟。可是对艾滋病等性病的提防意识，却不能等经历了以后再觉醒，因为那就晚了！倘若有一种方法，让你在游戏中得了艾滋病，那么你同样会产生震慑和恐惧的，于是你的潜意识里也同样会产生十分敏感的自我保护意识。

因此一些国际组织，千方百计地设计出了一些游戏，让参与者在游戏中感染艾滋病或其他性病，从而快速唤醒人们的自我保护意识。下面我们就和你分享其中的一种游戏。

这个游戏的名叫"签名"：

参加的人数有50多个中学生。指导老师先对游戏做了如下说明："我们将玩一个签名游戏，一会儿每个

人都会得到一张卡片，要求你们每个人在场上找3个人为你在卡片上签名，而且你也只能接受3名要求你签字的同学为其签字。现在由工作人员给大家发卡片。”

工作人员给每个学生发了一张卡片，有些人的卡片上写着：“请按要求做！”有些人的卡片上写着：“你可以不按要求做！”

然后指导老师说：“当游戏开始以后，你们就按我刚才的要求立即行动，并且我将不再回答任何同学提出的问题。现在我宣布游戏开始！”

全体同学立即开始行动。签名结束以后，大家都回到了座位上。然后指导老师说，请你们仔细查看自己的卡片，如果哪位同学的卡片背面有一个黑色圆圈，就请你站起来。

有一个男生站了起来！

指导老师接着说，很不幸，我们事先假定拿到这张卡片的人是艾滋病的患者，那么刚才给他签过名的人和他给签过名的人，都意味着可能被传染了艾滋病，请你们站起来。

于是有6个人很惊讶地站了起来！

指导老师又说：“刚才给他们签名的人和他们给签过名的人，也有了被传染的可能性，现在请你们也站起来！”

于是又有十几个同学很惶恐地站了起来！

以此追查，最后参与这个游戏的50多名同学都站了起来，他们都有可能被传染了艾滋病。

指导老师又问："本来有些人的卡片上写着——你可以不按要求做，可是为什么拿这类卡片的同学也都成了可能的被传染者?"

有个同学回答说："我的理解是，既然可以不按要求做，那我就可以要求更多的人给我签名，同时也可以给更多的同学签名。刚才给我签名的有7个，而且凡是邀请我签名的，我都给签了名。看来我被感染的可能性更大，我可能危害的人也更多，真是太可怕了！"

又有一个同学说："我的卡片上也写着可以不按要求做。我开始的时候是有过不给别人签名，也不让别人给我签名的念头，可是当我被邀请签名时，我真的有一种被重视的感觉，这种感觉让我放弃了原有的念头，并很兴奋、很得意地给要求我签名的人签了名，同时企盼着更多的人重视我，选择让我签名，就这样我放开给别人签名，也不断邀请别人给我签名。人真的是很容易被影响的，很容易盲目地交出自己的。这场游戏给我的启迪很多。"

签名游戏结束之后，指导老师让两名真正的艾滋病患者出场，他们是一男一女。

男的26岁，曾经在银行工作；女的年仅22岁，刚感染艾滋病的时候，是一名在校大学生。

他们都分别讲述了自己痛苦的经历和感受。男的说：真的太可怕了，我这么年轻就已经进入了生命的倒计

时,到了这个时候,我才深深地意识到——健康是1,其他一切的一切都是0。没有1,那些0就毫无意义了。

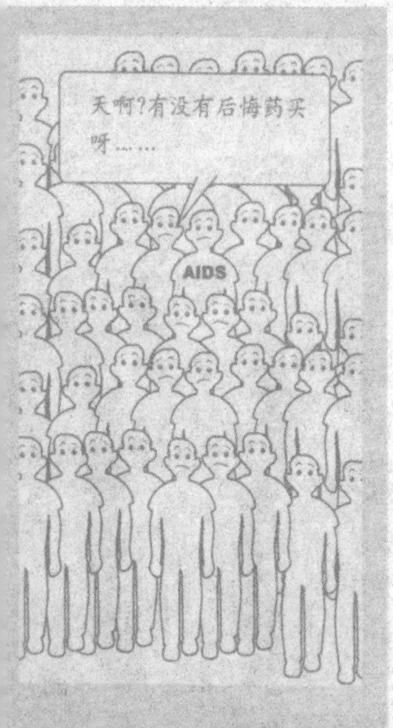

我过去也有很多远大、宏伟的人生理想和愿望,可是现在那些都已经成了泡影。

我现在还能做的有点儿意义的事情就是宣传预防艾滋病的常识,为你们这些幸运着的健康人敲响警钟,千万不能放纵自己,千万不能疏忽大意,一旦感染了艾滋病,一切就都完了!!!

女的说:

父母把我培养成了大学生,我不能回报了;国家、社会、人民都为我的成长付出了很多,我不能回报了……一想到我来到这个世上一直在扮演着索取者,刚要有能力变成建设者的时候,我却已经无能为力了。

大学还没念完我就只能选择退学了,因为我已经没有机会运用那些知识了。

我现在还能做的就是劝告更多的人,远离黄色的诱惑,学会克制自己,多想多做有价值、有意义的事情,别为性冲昏了头脑。

我真的很羡慕你们,没有艾滋病的人多幸福啊!!!如果我现在要是没有艾滋病,人生出现的其他磨难我都会觉得是小事儿了。

没有艾滋病真好!没有艾滋病真幸福!!珍惜你们的幸福吧,让你的人生变得更有意义、更精彩一点儿!!!

暗恋一个人很痛苦，怎么办

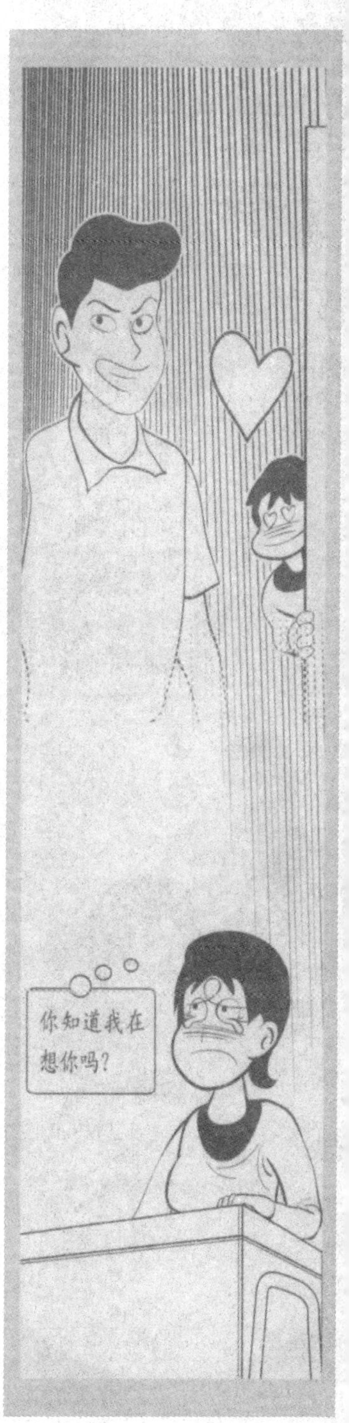

不瞒你说，我喜欢我们班一个男同学已经有两年了。也许他知道我爱他，也许他不知道。因为我对他的爱是属于单相思、暗恋。

我不敢向他表白，原因是我觉得自己长得不漂亮，各方面条件都不如他，我怕他拒绝。可是他的一举一动都太有味道了，我的心一次一次地被他打动着、征服着，更确切地说我被他给迷住了，我常常陷入和他在一起的幻想中……我没有办法不想他、不爱他……这种感情越来越强烈。

我多渴望他能多情地看我一眼。有的时候他可能在无意中看了我一眼，或者目光从我的身上掠过，我就会因此而引发无限的联想和猜测，我想他看我是不是有什么特别的含义，我想他是不是已经感觉到了我在想他、爱他……就这样想啊、猜啊，把我搞得神魂颠倒。

多渴望他能了解我对他的情意，也许他永远不会；

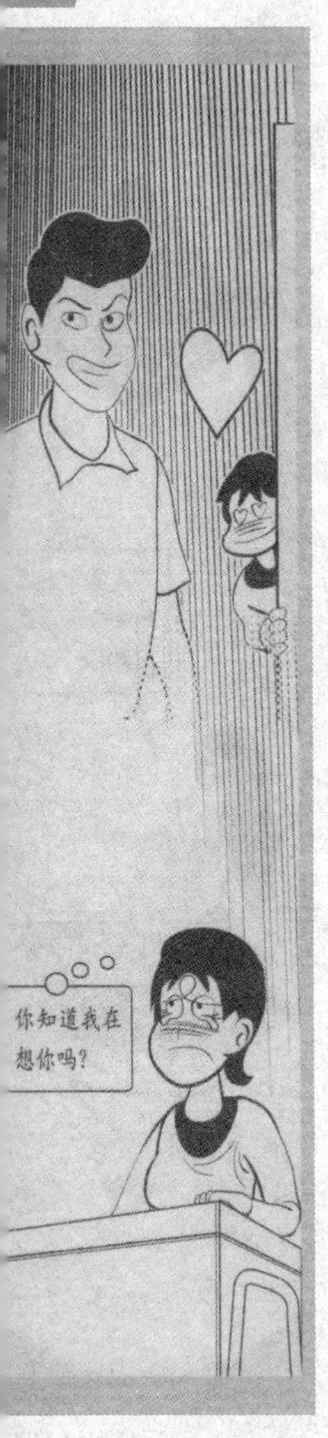

多渴望他跟我说一些温情话，也许他永远不能；

多渴望他能拥抱我一下，也许他永远不肯……

每当我看到别的女同学和他说话，关系较近的时候，我就非常嫉妒。那种嫉妒让我很难受。其实他挺君子、挺正派、挺有正事儿的，他的学习成绩和各方面的素质、品德都非常好，他并没有跟任何女生有真正意义上的早恋苗头，这也是我不敢向他表白的原因之一。

可以说，我被这样的单相思、暗恋搞得神魂颠倒、筋疲力尽、萎靡不振……我的学习成绩下滑了许多，更严重的危害终于降临了，因为单相思、暗恋消耗了我太多的身体能量和心理能量，我晕倒了，大脑失意了——头痛，什么都记不起来了。

住院、打针、吃药……折腾了一个月，父母差点儿把我送进精神病院，幸亏别人给介绍了一位“心灵成长指导老师”，她说我是心理问题，与神经病是两回事儿。在她的指导下我很快就恢复了健康。想当初真要把我送进精神病院，没病可能也给吓病了。那个地方可不能轻易就去，做家长的可不能乱来呀。下面我就把“心灵成长指导老师”教我的三招与你分享：

第一招：

她给我一团黄和黑混杂在一起的毛线，其中一根黄色代表我自己，另一根黑色代表那个男生。她让我把那团毛线耐心地拆分成两团。象征着在我的脑子里、潜意识里把那个男生从我的感情中分离出去。如果我能耐心地做到了，就意味着未来一定会有一个和我有缘的人主动追求我，同时也意味着我能够成为一个学业和事业都很有成就，并且魅力越来越大的人。

于是我耐心地、一点一点地终于把那团毛线拆分成了两团。奇怪，随着拆分工程的结束，我真的觉得我的身体里、脑子里有一个灰黑色的影子钻出去了，消散了。接着我的心里、脑子里、浑身上下都变得很轻松。真爽，好久没有体验过这种爽了。我知道那个影子就是他。

第二招：

以后如果我真的看到或者想到了那个男同学，就想象他右手举着一块黄色大牌子，上面写着：

“别理我，我跟你没那方面的缘分，你越是自以为是、胡思乱想，我就越瞧不起你、蔑视你、不愿意理你

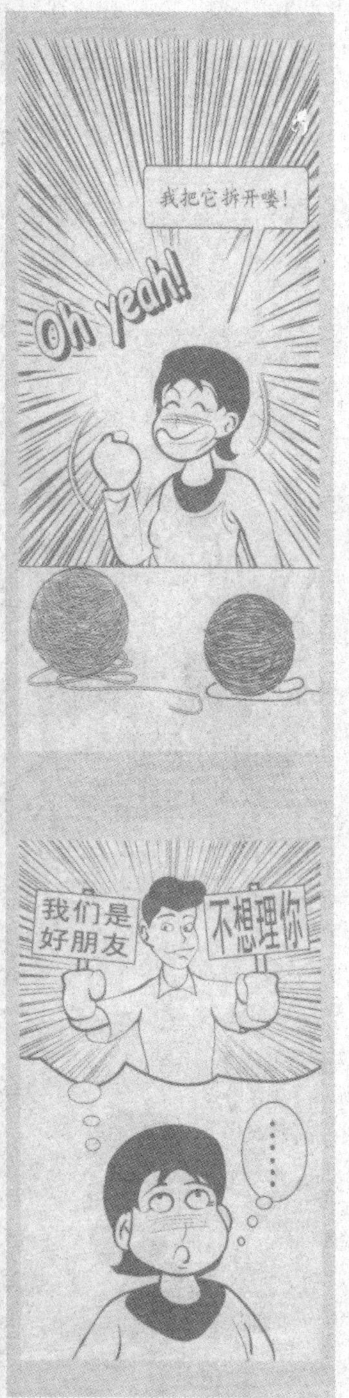

……”

再想象他左手也举着一块黄色大牌子,上面写着:“对于没有那方面缘分的人,若能学习好,人格高尚,有远大的理想和志向,那么我也会尊重她、佩服她,并可能和她成为纯洁的好朋友。”

那两块黄牌警告,真把我给惊醒了。两块黄牌给了我两种选择,看来,与其自我折磨,自讨苦头,还不如发愤读书,完善自己,不断增强自己的魅力,做个阳光一点儿的人。

经过这样的比对,我好像一下就清楚了自己应该怎么做。我发誓,一定要超越他的学习成绩,也要超越他的修养!于是我体内的各种能量和情绪都化为了动力。我感觉自己真的又开始阳光起来!

第三招:

我把以下文字写在了一张纸上,每当我情绪又有些躁动的时候,就把那张纸拿出来朗读或默读:

我渴望他说的,也许他永远不会说;

我渴望他做的，也许他永远不会做；

我渴望他想的，也许他永远不会想；
我渴望他承诺的，也许他永远不会承诺；

我渴望他承担的，也许他永远不会承担；
我渴望他感觉到的，也许他永远不会感觉到；

我渴望他关注的，也许他永远不会关注；
我渴望他在意的，也许他永远不太在意；

我渴望他回应的，也许他永远不肯回应；
我渴望他在身边的时候，也许他偏偏不在；

我渴望他不在场的时候，也许他突然出现在眼前；
我渴望他安慰的时候，也许他给我的是更多烦恼和压力；

我渴望从他那里获得的，也许他永远不能给……

他是我学习的绊脚石!!!!!!!
他是我烦恼的制造者!!!!!!!!

呜呼，哀哉!!!

我还想他干什么???

我终于下决心了，
一切要从新开始!

我要——
自己给自己欣赏；
自己给自己自信；

自己给自己力量；
自己给自己安慰；

自己给自己动力；
自己给自己加油；

自己给自己支点；
自己给自己快乐；

自己给自己奖励；
自己给自己关怀……

看来我想从他那儿获得的，多数我都能够自己给自己。自己给自己是最可靠的，自己给自己是最方便的，自己给自己是最充实的!!! 从今以后，我要善于自己给自己。

茫茫人海中，我不再为无缘的人而等待、伤神了。我相信，与有缘的人相逢了，他会主动追我的。我现在只需做自己生命中最重要的事情——好好学习，全面提升自己。只有这样，才能让我的心情更好，成绩更好，未来更好，一切更好！

各位朋友，我就是靠刚才和你分享的这三个招法，摆脱了单相思的困扰。现在我已经没兴趣关注他了，我的学习成绩已经进入了班级前三名，哈哈哈！

恋爱须知:如何解读爱情

我们必须清楚,一对亲密交往着的恋人,其实他们未必真的很相爱，也许他们各自的潜意识里都非常清楚自己并不十分爱对方,可又离不开对方,总在思念对方,也向对方述说着情话……这又是为什么呢?

其实当你向某人说情话的时候，也许那些情话是为你自己说的,而并非为对方说的,因为你那样想、那样说的主要原因是因为你自身的原因，而不是因为对方的原因,也就是说,不是因为对方真的很可爱你才那么说，而是因为你需要说这样的情话来满足自己心理及生理的一些需求,再换句话说,对方很可能充当了你心目中理想恋人的替身,你更需要、更爱、更想的是你心目中的理想恋人，那些情话你是说给心目中的那个理想恋人的。

在这种情况下那个替身往往真的会把那些情话当真,也许替身会陶醉在那些话里,也许替身会感觉对那些话有些承受不起。其实你在不断地把这个替身与你心中的那个理想的恋人相比较，最后你终于开始责怪和挑剔这个替身了,于是就可能把对方的美梦粉碎了,矛盾和冲突便开始了。

到了这个时候替身可能还很糊涂，为什么你曾经那么爱他，可是突然你又变得这样冷酷无情。对方的糊涂就在于他并不明白过程中自己不过扮演了一个替身而已，他的失落感很强烈。

所以恋爱中的人要搞清楚，自己在对方的心目中是原形还是替身，同时也要搞清楚自己把对方当成了替身还是原形。只有搞清楚了这些问题，才能更清楚彼此未来的关系质量和趋向。

你在和一个人谈情说爱时，有些情况下，你可能不是把对方当成了人，而是把他当成了一个物化的玩具。这其中的差异在于：当你把它当成人的时候，你便会很尊重他的个性，喜欢他的个性；当你把他当成物化的玩具的时候，你则会把自己喜欢的个性，强加在他的身上，并把他当成了发泄自己感受和情绪的对象。

于是你只会在意自己的感受，不会理睬对方的感受；你只会关心自己的目的，不会关心对方的目的；你不是在爱他，而是在控制他、利用他；你的动机不是在为对方好，而只是在为自己好；你的各种表现在对方看来都是很自私的。真正的爱不是自私的，处理解决问题能够照顾到双方的感受和目的，坚持的是双赢的原则。

还未成熟的青少年谈恋爱，他们往往很难区分或评估爱恋着的对方在自己生命中的位置和分量，他们往往把冲动的青春的情绪宣泄对象当成了想要娶或想要嫁的人，这就容易给未来的人生制造很多麻烦。这也便是为什么要克制早恋的原因之一。

最可耻的爱——为了贪图对方的小恩小惠，而不惜献出自己肉身的爱；

最可悲的爱——爱来爱去，双方不但没有成长和进步，反而落后、退步了；

最危险的爱——不计前途和后果，丝毫不为对方着想，一切只为了满足当下的冲动和欲望的爱；

最廉价的爱——只有肉欲的冲动，没有心灵深处交流的爱；

最真沉的爱——能够尊重对方需求和感受的爱；

最浪漫的爱——彼此志同道合，同甘苦、共患难，勇于承担社会、人类更大使命的爱；

最长久的爱——彼此不断推动对方成长和进步的爱；

最甜蜜的爱——彼此能够在心灵深处进行交流和对话的爱。

附录:要点注解

注解(一):关于生命和人格的六个层次

人生是有目的,也是有高低层次之分的。人在不同的生命层次所拥有的人格特质不同,目标理想不同,心理能量不同,价值观不同,自我价值感不同,散发出的魅力不同,智慧不同,方法不同,生活方式不同,心态不同,快乐感不同,人生观不同,接纳水平不同……

以下是人生的六个层次,以及不同层次的人格主要特征:

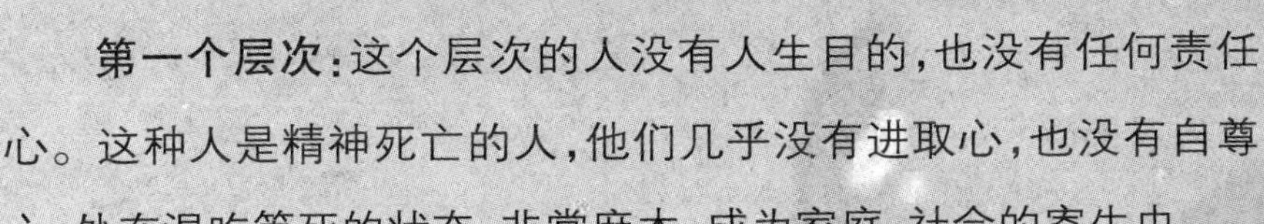

第一个层次:这个层次的人没有人生目的,也没有任何责任心。这种人是精神死亡的人,他们几乎没有进取心,也没有自尊心,处在混吃等死的状态,非常麻木,成为家庭、社会的寄生虫。

这个层次的人,只具有较低动物的属性,无法融入社会。这个层次的人也叫没有任何责任心的小我或精神死亡的人。

第二个层次:这个层次人生的主要目的是满足自己。只为自己的利益负责任。这种人极端自私,凡事儿以自我为中心,丝毫不在意别人的感受和想法,容易伤害别人的感情,冒犯别人的利益,精神麻木。

这个层次的人，社会化程度较低。这个层次的人也叫极端自私自利的小我。

第三个层次：这个层次人生的主要目的是维护小家庭的利益。只为自己小家庭的利益承担责任。这种人狭隘、保守、唯利是图、损公肥私、斤斤计较、一心一意为小家庭谋利益，不考虑集体和社会利益，精神空虚。

这个层次的人，社会化程度仍然较低。这个层次的人也叫以家庭利益为重的小我。

第四个层次：人生的主要目的是维护所在单位或集体的利益。愿意为所在单位和集体利益承担责任。小我又长大了一些，能够关注周围人的利益，因而比较受身边人的欢迎，做事儿基本能够遵循双赢原则，也基本能够遵守社会公德，精神比较充实。

这个层次的人，社会化程度较高。这个层次的人也叫以团队或集体利益为重的小我。

第五个层次：这个层次人生的主要目的是服务国家，愿意为国家利益承担责任。小我已经接近大我，有较高的理想和志向，心胸宽广，但仍然会产生消极负面的情绪，也还会存在思想上的某种主观偏见，精神很充实。

这个层次的人，社会化程度较高。这个层次的人也叫以国家利益为重，但却忽视了全人类的利益，比较接近大我的小我。

第六个层次：人生的主要目的是关爱全人类，关爱整个大千世界。愿意为全球的幸福承担责任。小我已经变成了大我，彻底摆脱了人的局限性、狭隘性、自私性，内心充满了神性、崇高性，潜能得到了较充分的发挥，能够平和地接纳一切的存在和一切的发生，任何当下都不会发泄消极负面的恶劣情绪，也不会显现人性的弱点，言行全然能够和宇宙大道同频共振。精神充满了宇宙的能量，拥有天人合一感。

这个层次的人，充满了人的崇高性和神性。这个层次的人也叫——关爱全人类的人或大我，或天人合一的我，或最高智慧的我，或恒常快乐和幸福的我……

提示1：什么叫人的社会化程度？

人有三种属性：动物性、社会性和神性。人的社会性，是指人参与社会、适应社会、建设社会、成为社会成员的过程。一个人的社会化程度越低，表明他越无法融入社会、适应社会，也不能在社会中发挥积极作用；一个人的社会化程度越高，表明他越能够遵纪守法，越懂得文明礼貌，越能够在社会中发挥积极作用。

提示2：什么叫大我？

当人到达第六个生命层次的时候，精神之我就和天地、宇宙融合了，也和一切的存在融合了，这个时候的精神之我是无限的，所以叫大我。

提示3：什么叫小我？

处在生命第六个层次以下的精神之我都叫小我，只是层次不同。越是较低层次的小我，越有局限性、狭隘性和自私性；越是较高层次的小我，相对越有智慧、自信和能力。

提示4：人人心中都有大我

每个人一出生大我就已经存在于他的内在了，有觉悟的人，较早就把大我唤醒了；没有觉悟的人，大我就只好沉睡在他的心里。这也就是说每个人内在都有人的崇高性，每个人都可以成为大我，大我成长的程度取决于觉悟和努力。

另外，即使已经进入了第六层次成为了大我的人，也同样会有较低层次的一些需求，然而他主要人格显现的已经是最高层次的光辉了。

提示5：要尽快唤醒心中的大我

所谓唤醒大我，就是去探索、去感受、去倾听心灵深处大我的愿望和想法，然后让大我的意识充满你的脑子，让大我的品格充满你的心灵，让大我的智慧指导你的行为，让大我的语言成为你的语言，让大我的感觉充满你浑身的每一个细胞……

提示6：小我存在的正面目的

小我的层次越低，烦恼和痛苦就越多。到达大我层次的时候，人就没有烦恼和痛苦了。

任何层次小我的存在都会给你制造是非和麻烦，让你烦恼和痛苦，而他们这样做的目的是引起你对他们的关注和重视，为了让你带领他们回到大我的怀抱。

其实小我用心良苦，他们想用痛苦刺激你、提醒你加快心灵成长。只要你的人格提升了一个层次，那么原来那个层次的小我就消失了，因为他们的目的达成了，不过他们的最终使命并没有达成，于是由下一个层次的小我继续承担他们共同的最终使命，那就是让你最终成为第六层次的大我。

一旦你的内在完全充满了大我的意识和智慧，各层次的小我就纷纷消失了。你内在的大我越真实、稳定，小我消失得就越彻底。假如大我还处于朦胧、模糊、隐约的状态，小我就还会坚守岗位、努力给你制造各种烦恼和困扰，催促你快一点儿提升。

如此看来，我们内在的每一个小我都值得我们去关注、关爱、关心，他们一直含辛茹苦地为我们承担着责任，我们却不能真正理解他们，还不断地给他们加砝码，还不断地给他们增加压力……对待他们我们表现得那么麻木、自以为是，遗憾哪！我们真要是懂得感恩的人，我们就应该尽快解放他们，让他们回到大我温暖的怀抱，他们真的好辛苦、好累，真的需要大我的安慰和爱抚。

无论你现在处在哪个人生的层次里，你都能够把内在的大我唤醒。但是人在较低层次的时候，大我即使被唤醒了，大我也不能在他的内心占据主导地位，因为那里面有很多较低层次的小我不肯让位。随着你内在小我的不断提升，原来的小我就会纷纷退场，当大我成为你主导人格的时候，你内在的人格就统和了，你就有了天地人合一的感觉。加油，努力吧！

提示7：关于六个层次的更新说明

关于生命层次和人格层次，我在《天天快乐的活法》、《24小时改变孩子一生》、《24小时改变你的一生》那三部书中，参照了马斯洛的需求层次论，把人生分为了六个层次：

生理、生存的需求；

安全、安稳的需求；

被认同、接纳的需求；

被重视、欣赏的需求；

自我实现的需求；

真我实现的需求。

有些读者对这六个层次的理解感觉挺费劲的，于是我试图找到一种逻辑，能够更通俗地区分生命和人格的六个层次。后来就形成了新的六个生命层次的分法。

注解(二)：关于“三维心灵营养素”

营养素的概念，大家都熟悉。为了维持身体健康，大家都注意补充蛋白质、维生素、钙等。可是给自己的心灵补充营养却被很多人忽视了。其实我们的心灵更需要营养。如果心灵缺乏营养，就会出现烦恼、郁闷、焦虑、狭隘、自卑、空虚、悲观等消极负面的状况。

近几年来，差不多每天我都不得不回应一些心理咨询，协助一些绝望、痛苦、困扰、抑郁的朋友整合内心世界。

我常用的处理解决各种心理问题的主要方法是：

1.接纳；
2.推动对方心理能量、人格层次提升；
3.修改脑内图像和神经链。

通过大量的实践，我越来越感觉这三个方法的有机结合，可以协助各类朋友有效地摆脱各种各样的烦恼和痛苦。

全国各地的“心灵成长指导老师”们，在采用这三种方法进行心理咨询的时候，也纷纷认为这三种方法透视问题深入、准确，并且能从根本上解决问题，速度快、效果好，指导者在整个过程中不会迷惑，方向清晰，得心应手。

这是因为：

★唯有推动人格层次和生命层次提高的方法，才能确保改变的持续性和比较稳定的效果。人格层次和生命层次没有得到改变的方法，如果说有效，那效果也是短暂的，经受不住考验的，容易反弹的。

★唯有深入潜意识改变脑神经链的方法，才能彻底改变一个人的观念和行为习惯。其实脑神经链就是我们的思考模式和行为模式。我们每时每刻的想法和行为都受脑神经链的影响和控制。每一个脑神经链都对应脑内的一个画面，调整和改变脑神经链是通过调整和改变脑内画面实现的。

★唯有接纳，才能理顺系统和全局，才能更有智慧、更有方法地处理解决各种问题。

因而我把这三种方法看作是解决心理问题非常核心和非常根本的方法。总想把这三种方法联合起来，统一起一个名。今天晨四点钟，灵感终于涌现了，于是我立即起来，打开电脑，记录、梳理着潜意识给我提供的灵感。

- 我把这三种方法联合起来起名为——三维心灵营养素。
- 把“接纳”的方法，叫作“心灵蛋白质”；
- 把“提升心理能量和人格层次”的方法，叫作“心灵钙片”；
- 把“调整脑内图像和神经链”的方法，叫作“心灵维生素”。

于是我脑子里又产生了以下一些画面和情节，也许看了下面的内容，你对“三维心灵营养素”领悟得更深了：

妻子：

我今天当众跟领导发脾气了，我觉得他有点儿偏心，我把他搞得挺没面子的。现在我有点儿后悔了，真担心以后他会给我穿小鞋。

丈夫：

我觉得你应该用点“心灵蛋白质”。

妻子：

“心灵蛋白质”是什么？

丈夫：

是心灵补养品，又名“接纳”。

妻子：

“接纳”是什么意思？

丈夫：

“接纳”就是在为人处世儿的时候，更客观、更深入地看清楚每个人，以及种种要素之间的因果关系，然后用理性、而不是用情绪，用最有智慧的方法、而不是随意冲动的方法，带动和牵引诸多要素朝向自己的目的。

“接纳”是人人都必须掌握的一种为人处世的技巧和能力。运用接纳，为人处世就得心应手了；运用接纳，就没有烦恼了；运用接纳，就更受重视了；运用接纳，就更受欢迎了……

每天使用“接纳”，可以变得智商高、运气好、逢凶化吉、万事亨通……正因为“接纳”太重要了，所以把它看成是“心灵蛋白质”。现代人不仅要给自己的身体补养，也要善于给自己的心灵补养。

你应该好好读一读《接纳》那本书，也许读了书之后，你就会找到妥善处理解决这件事情的方法了。

妻子：

好的，谢谢老公！

丈夫：

小亚回来了吗？

妻子：

回来了，出去和同学玩球去了。刚才路上我碰到小亚的班主任老师了，老师说小亚各方面表现都挺好，就是上课不敢举手发言。

丈夫：

我明白了，小亚需要用“心灵维生素”。

妻子：

“心灵维生素”又是啥？

丈夫：

人的一些习惯行为，是受脑子里那些相关的脑神经链支配的。脑神经链其实就是我们常说的思考模式和行为模式。小亚上课不敢举手发言，一定是因为他在较低年级的时候或可能是在幼儿园的时候，举手发言回答问题说错了、出丑了，于是就形成了恐惧举手发言的脑神经链。

要想改变某一种习惯行为，就必须要改变脑子里支配那个行为习惯的脑神经链，而要想改变脑神经链，就要改变脑子里与之相对应的图像。因为每一个脑神经链都有一个与之相对应的图像，改变脑内图像很容易，闭上眼睛跟随引导想象就能实现。

这是一门很有趣的技术。我们把这门技术叫作“心灵维生素”。意思是用修改脑内图像和神经链的方法可以让大脑里面遍布积极正面的脑神经链，充满生机、感到滋润。

我正在看关于如何修改脑内神经链的书——《24小时改变你的一生》和《24小时改变孩子一生》。等我掌握了书中的方法后，我帮小亚改变那个恐惧的脑神经链。

妻子：

老公，我发现你变了很多，不喝那么多酒了，也增长了很多学问。

丈夫：

那是因为我用了“心灵钙片”。所谓，“心灵钙片”，就是提升心理能量和人格层次的方法。经常用点儿“心灵钙片”，心理能量就增加了，人格层次就提升了。

获得能量就快乐，失去能量就痛苦。人的所有烦恼和痛苦都是因为丢失了能量引发的。所以经常吃点儿“心灵钙片”就能够有效避免引发烦恼和痛苦。

生命是分层次的，不同层次的生命，表现出不同层次的人格特征。

一个人的生命层次、人格层次越高，就越有智慧和方法，就越有智慧和力量，就越有宏伟理想和目标……

我的变化，就是"心灵钙片"的作用，其实我同时也在用"心灵蛋白质"和"心灵维生素"。

妻子：

我也想用"心灵钙片"。

丈夫：

那你就看《天天快乐的活法》这本书。

妻子：

我们也应该让小亚经常用"三维心灵营养素"。

丈夫：

我也是这么想的，从今以后咱们家的人不但要经常使用"三维心灵营养素"，我们也要把它分享给亲属和朋友们。

妻子：

老公你真棒！

再次强调：我们的身体需要营养，我们的心灵更需要营养。如果我们时时刻刻都注意觉察和接纳，如果我们每一天都在提升自己的人格层次和生命层次，如果我们善于利用脑内图像、脑神经链和行为习惯的关系来整理潜意识、调动潜意识、策划潜意识、运用潜意识，那么我们的心灵就会营养丰富，我们就能够活出最佳状态。

注解(三):关于"∨"(发啦)和"∧"(趴啦)

如果你留意观察大自然中的一些植物,你会发现——在各种旺盛植物的长势和形状里都蕴含着一个意象, 这个意象可以用"∨"这个符号来表示,它象征着茂盛、蓬勃、繁荣……

在各种植物枯萎的时候,也隐含着一个意象,这个意象可以用"∧"这个符号来表示,它象征着衰弱、凋谢、枯萎……

"∨"和"∧"是直觉悟性和理性结合的产物。

我们把"∨"这个符号叫"发啦";

我们把"∧"这个符号叫"趴啦"。

其实植物和人是同理同法的。树是站立的人,人是会走的树。

人也存在"∨"(发啦)和"∧"(趴啦)这两种状态。

处在"∨"(发啦)状态中的人主要特征是:

●外表:精神抖擞、有力量、意气风发。

●声音:响亮、温和、有善。

●心理:自信、乐观。

●品德:善良、正直、潇洒、坚强、勤奋、勇敢、开放、博学、智慧、无私、民主、大度。

●行为:朝向人生的正确目标,处在良性发展的轨迹上。

●身体:体内分泌对身体有益的良性荷尔蒙,增强免疫力,促进身体健康。这也是永葆青春的秘诀。

处在"∧"(趴啦)状态中的人主要特征是:

●外表:目光无神、萎靡不振、浑身无力。

●声音:或有气无力,或非常粗暴,缺乏理解和友善。

●心理:自卑、痛苦、孤独。

●品德:悲观、消极、拘谨、脆弱、怯懦、保守、固执、愚昧、懒惰、自私、专制、狭隘、吝啬、软弱。

●行为:行为背离了正确的人生目标,处在危险的轨道上。

●身体:体内经常分泌过量的肾上腺素和去甲肾上腺素,对身体造成不良影响。身体可能会有一些因为心理原因导致的疾病。

"∨"(发啦)和"∧"(趴啦)就好像是我们感觉的语言,它们可以表达我们自身能量的状态和能量的变化等情况。

"∨"——表明我们自身能量很大

"∧"——表明我们自身能量很小

"∨"——表明能量在上升

"∧"——表明能量在下降

"∨"——表示接收能量的管道畅通

"∧"——表示接收能量的管道堵塞

当我们感觉"∨"(发啦)的时候,就表明我们的能量增加了;

当我们感觉“∧”(趴啦)的时候,就表明我们的能量减少了。